Mily Robin

LE PETIT LIVRE DES ANGES

FIRST
ÉDITIONS

ISBN : 978-2-412-05983-8
Dépôt légal : octobre 2020
Imprimé en Italie

Correction : Arabesque correction
Mise en pages : Cipanga

Éditions First, un département d'Édi8
92, avenue de France
75013 Paris – France
Tél. : 01 44 16 09 00
Fax : 01 44 16 09 01
E-mail : firstinfo@efirst.com
Site Internet : www.editionsfirst.fr

Sommaire

Introduction 5
L'histoire des anges à travers le temps 12
Les anges existent-ils vraiment ? 18

À la découverte de la hiérarchie spirituelle 21
Explorons la hiérarchie spirituelle 22
Les différents êtres qui peuplent le monde céleste 30
Pourquoi existe-t-il tant de confusion entre les différents acteurs du monde subtil ? 59

Bienvenue dans le monde des anges ! 63
Où se trouvent les anges ? 66
Leur mission : nous aider 69

Questions-réponses sur le monde angélique 89
Tout le monde est-il en mesure de se connecter avec les anges et archanges ? 90
Comment les anges se manifestent-ils dans notre réalité ? 91

Quels sont les moyens à notre disposition pour entrer en contact avec les anges ? 93

Comment faire une demande aux anges et rétablir le lien avec eux ? 100

Pourquoi ne demande-t-on pas plus souvent de l'aide aux anges ? 102

Comment les anges entrent-ils en communication avec nous ? 104

Connectez-vous aux anges 121

La méditation de l'ange gardien 123

La connexion avec le cœur 131

Et si je ne reçois pas de réponse ? 134

Quelques histoires angéliques 137

Il a sauvé ma vie deux fois, peut-être bien davantage... 138

Rattraper les erreurs de jeunesse 143

« Soyez dans la joie » 146

Sous la forme d'un rapace 147

Le miracle d'une survie 148

Les anges ont des messages pour vous 151

Le mot de la fin 157

L'auteure 159

Introduction

Ce petit livre a pour dessein de vous transmettre ce que les anges veulent que vous sachiez à leur sujet. Il a également pour objectif de vous encourager et de vous aider à créer une relation durable et profonde avec eux. Cet ouvrage est le résultat des différentes communications et expériences que j'ai pu avoir avec les anges, les archanges, ainsi qu'avec les guides spirituels au fil des années, il est en outre agrémenté de ce que l'histoire nous dit à leur sujet.

Je communique avec le monde invisible depuis l'enfance en utilisant de multiples outils. J'ai mis mes capacités extra-sensorielles au service d'autrui depuis le 15 octobre 2003, date du décès de ma grand-mère maternelle, qui m'a accompagnée intensivement durant dix années. En 2015, mon ange gardien m'a informée que le moment était venu que j'en fasse mon métier à plein temps. Aujourd'hui, j'ai plusieurs casquettes : celles d'énergéticienne (je lis et manipule l'énergie pour « soigner »), d'enseignante spirituelle, de coach de vie et d'auteure.

Je n'aurais jamais imaginé qu'un jour je devienne l'un des porte-parole des anges. Je n'ai jamais eu pour objectif de le devenir, ils m'ont poussée bien plus d'une fois dans cette direction, ce qui m'a permis de réaliser plusieurs projets les concernant. J'ai accepté de suivre la route qu'ils me montrent et je suis humblement touchée de cette confiance qu'ils me témoignent. J'espère qu'à travers ce petit livre, vous sentirez leur présence et ferez le choix d'établir une relation avec eux, ce qui par conséquent va grandement faciliter votre vie.

Vous allez découvrir certaines vérités à leur propos et entrer dans leurs univers. Principalement, ce petit livre vous apprendra à trouver votre propre vérité, à leur sujet, à travers vos expériences uniques. Telles sont mon intention et la leur.

Profitez de cet ouvrage pour découvrir ou redécouvrir les expériences que vous avez connues par le passé avec les anges. Vous allez probablement pouvoir mettre du sens sur certaines situations qui vous sont arrivées et que vous ne soupçonniez pas être le fruit de leur intervention. Les actions des anges sont parfois d'une grande évidence, cependant la plupart du temps, celles-ci sont vraiment très subtiles. Un grand nombre de leurs interventions en notre faveur passe totalement inaperçu.

Aussi, ce livre sera l'occasion de découvrir ou de mieux connaître les autres acteurs du monde de l'au-delà.

Maintenant, abordons un concept important à intégrer afin que vous compreniez le monde de l'au-delà, ainsi que le monde qui vous entoure. Il y a de fortes chances que vous connaissiez déjà cette notion car l'on en parle dans les mondes tant scientifique que spirituel : tout, dans l'univers, est composé de la même matière première, l'énergie. Qu'il s'agisse de votre table, des arbres, des cristaux de roche, des animaux ou des êtres humains, tout est composé de la même matière. Autrement dit, tout est énergie et vibre dans une certaine gamme de fréquences. Partant de ce postulat, il existe toute une gamme de fréquences que nous pouvons percevoir avec nos cinq sens et d'autres qui sont hors de notre portée.

Pour rester dans le monde scientifique et pour une meilleure compréhension du concept, je vais vous citer un exemple. Vous devez probablement savoir que certains gaz (tel le monoxyde de carbone), ainsi que le rayonnement ultraviolet ne sont pas accessibles à nos cinq moyens de perception. Il en est de même pour les anges, les guides spirituels, et tous les autres acteurs du monde de l'au-delà. Ils sont là, tout près de nous, néanmoins bon nombre de personnes ne peuvent les percevoir avec leurs cinq sens. Ce qui limite leur perception, c'est la correspondance vibrationnelle de leurs fréquences à celles d'autres choses. Autrement dit, dans le cadre de la spiritualité, une personne avec une basse fréquence vibratoire pourra voir un être de haute fréquence, uniquement si celui-ci veut bien être perçu.

Notre société nous a amenés à croire que ce que nous ne pouvons voir, toucher, entendre, sentir ou goûter n'existe pas. Pourtant, tous ces sens ne sont que des moyens d'interpréter certaines vibrations. Lorsque nous écoutons nos sens intérieurs, nous avons accès à des outils d'interprétation bien plus puissants ouvrant la porte à un tout autre monde, qui est là tout autour de nous.

Partant de ce fait, les anges, les archanges, et tous les êtres hors de votre champ de perception physique sont tout simplement à une fréquence et une vibration différentes des vôtres. Ce n'est pas parce qu'ils ne sont pas perceptibles par vos cinq sens physiques, qu'ils n'existent pas.

Autre concept essentiel à comprendre, nous sommes des êtres multidimensionnels. Lorsque nous nous connectons à la partie supérieure de notre être, que cela soit notre esprit et/ou notre âme, nous avons accès à un plus grand nombre de fréquences et de vibrations. Nous sommes alors en mesure de percevoir des choses qui ne sont pas perceptibles avec nos sens physiques. En nous connectant à notre conscience supérieure, notre esprit, nous n'interprétons plus l'énergie avec l'ouïe, l'odorat, le goût, le toucher et la vue, mais avec nos sens supérieurs. Nos sens extrasensoriels ou spirituels comprennent les cinq sens physiques appelés clairvoyance, clairsentience, clairaudience, clairgustative (plutôt nom qu'adjectif : clairgustance), clairolfactive (plutôt nom qu'adjectif : clairalience). À cela s'ajoutent, pour les plus fréquents : la **clairconnaissance** ou claircognizance qui est la capacité d'acquérir des connaissances psychiques (nous savons des vérités, sans comprendre comment ni pourquoi), la **télépathie** (la capacité de communiquer, consciemment, par la pensée avec d'autres êtres humains, les plantes ou les animaux, peu importe la distance séparant les interlocuteurs), la **télékinésie** (la capacité de déplacer des objets par la pensée), la **projection astrale** (la capacité de projeter son corps astral – âme et esprit – consciemment hors du corps physique), la **bi-localité** (la capacité de projeter son corps astral consciemment dans un autre lieu que celui où se trouve le corps physique, tout en ayant conscience de ce qui se passe dans les deux lieux en même temps), et bien d'autres capacités sont à notre disposition…

Pour vous aider à mieux comprendre ce dernier concept, prenons l'exemple de la radio. Lorsque vous vous trouvez à un certain endroit, vous allez pouvoir capter 97.2, 98.1 et 108. Alors qu'il vous sera impossible d'obtenir un signal correct pour 97.5, 98.3 et 108.2. Si vous allez dans une autre partie de la ville ou une autre région, vous pourrez capter ces fréquences qui ne vous étaient pas accessibles auparavant.

C'est un peu semblable avec le fait d'être un être multidimensionnel : en déplaçant votre conscience sur d'autres aspects de votre énergie, vous avez accès à un grand nombre d'informations qui sont à votre disposition dans l'univers. C'est ainsi que vous pouvez percevoir de façon bien plus claire les anges, les archanges et tous les autres êtres de hautes ou basses fréquences vibratoires.

L'âme et l'esprit

Tout le monde n'ayant pas la même définition de l'âme et de l'esprit, il me semble important que je vous confie la définition que je donne à chacun de ces termes pour que nous soyons sur la même page et qu'il n'y ait aucune confusion.

L'âme est cette partie de nous qui est éternelle. C'est elle qui souhaite réaliser des expériences terrestres, elle a toute sagesse et toute connaissance.

L'esprit est cette partie de notre être qui établit le pont entre notre âme et notre corps physique. Il est souvent appelé « inconscient ». Tout comme le corps est le véhicule de l'esprit pour naviguer dans ce monde physique, l'esprit est le véhicule de l'âme pour circuler dans une partie du monde éthérique.

L'histoire des anges à travers le temps

Les anges font partie de notre quotidien depuis des décennies, que vous y croyiez ou pas, vous en avez forcément entendu parler. Ils ont fait débat à travers les siècles et nous pouvons affirmer que c'est toujours le cas aujourd'hui. Ils ont inspiré de nombreux artistes, dont le célèbre Michel-Ange par exemple.

Le mot « ange » vient du latin *angelus*, emprunté au grec *angelos* qui lui-même est la traduction de *mal'ak* en hébreu, ce qui signifie le « messager » ou « l'envoyé de Dieu ».

Dans ce livre, le mot « ange » fait référence à une classe spécifique d'êtres célestes, que j'appelle aussi des êtres de lumière. Ce sont des êtres d'un amour infini qui sont là pour nous, sans condition aucune et à tout instant.

On peut retrouver des écrits sur les anges dans le judaïsme, le christianisme et l'islam. Pourtant, toutes les représentations occidentales des anges trouvent leur essor dans la culture biblique : ils sont mentionnés cent huit fois dans l'Ancien Testament et cent soixante-cinq fois dans le

Nouveau Testament. Ils jouent toujours un rôle important dans la Bible.

Dans l'Ancien Testament, les anges constituent la cour céleste tout en étant les messagers de Dieu. Alors que dans le Nouveau Testament, ils ont beaucoup plus le rôle d'annonciateurs.

Voici quelques épisodes de la Bible dans lesquels interviennent les anges.

L'Ancien Testament, genèse 16, narre l'histoire d'Abraham et de son épouse Saraï. Celle-ci ne pouvant concevoir, elle a demandé à son mari de procréer avec sa servante Agar. Lorsque Agar s'est rendu compte qu'elle était enceinte, sa maîtresse n'était plus son centre d'intérêt. Saraï, devenue jalouse, a décidé d'humilier sa servante. Baffouée, Agar a décidé de prendre la fuite. C'est alors qu'un ange lui est apparu pour lui intimer de retourner auprès de sa maîtresse. Il lui annonça en outre qu'elle allait donner naissance à un fils qu'elle devrait nommer Ismaël, ce qui signifie « Dieu qui entend ». Il l'informa également qu'elle aurait des descendants qu'il serait impossible de compter.

Comme vous pouvez le constater, l'ange a joué un rôle de guide et de conseiller. Dans le même temps, il a aussi annoncé ce qu'il adviendrait d'Agar et de sa descendance, si elle suivait la guidance qui lui avait été donnée.

Dans le Nouveau Testament, le lecteur découvre l'annonciation de la venue du Christ, dans Luc 1, 26-38.

Dans la ville de Galilée, appelée Nazareth, une jeune fille vierge nommée Marie fut visitée par l'archange Gabriel. Marie était fiancée à un homme de la maison de David, nommé Joseph. L'archange entra chez elle pour lui annoncer qu'elle était comblée de grâce par le Seigneur, qu'elle serait enceinte et donnerait la vie à un fils, qu'elle devrait appeler Jésus. Il informa Marie que son fils serait appelé le fils du Très Haut et que le Seigneur allait lui confier le trône de David son père et qu'il allait régner sur la maison de Jacob. Marie comprit que cet enfant serait conçu de façon immaculée après avoir informé l'ange qu'elle n'avait point connu d'homme. L'archange Gabriel lui annonça aussi qu'Élisabeth, une parente de Marie, était à son sixième mois de grossesse, alors qu'elle avait été déclarée stérile et qu'elle avait passé l'âge de concevoir. L'archange voulait montrer à Marie que rien n'était impossible pour Dieu. C'est ainsi que Marie se présenta comme la servante du Seigneur et déclara à l'ange : « que tout soit fait selon sa parole ».

Les anges à travers l'histoire sont souvent représentés avec des ailes. Il faut comprendre que les ailes sont la représentation des êtres d'un monde non tangible, et même si le mot « ange » n'existait pas du temps des pharaons, ils étaient tout de même représentés sous la forme d'animaux avec des ailes. Les anges peuvent prendre n'importe quelle forme et s'adapter aux croyances de chacun (voir page 91). Selon la culture, l'époque et les croyances collectives, les représentations et la dénomination peuvent être totalement différentes.

Parmi les vestiges du monde gréco-romain également, nous pouvons retrouver des statues représentant des êtres humains et des animaux ailés.

Durant le Moyen Âge, une hiérarchie du paradis fut établie et détaillée à travers des peintures et des vitraux. C'est un moine syrien, du nom de Pseudo-Denys l'Aréopagite, ayant vécu vers l'an 500, qui a transcrit la hiérarchie céleste. Il avait réparti les anges en neuf ordres. Puis il les avait classifiés selon leur importance.

Selon Pseudo-Denys l'Aréopagite, la première hiérarchie angélique comprend :

- **Les Séraphins** dont le seul but de l'existence est d'adorer et de louer Dieu.
- **Les Chérubins** qui sont les glaives de Dieu.

- **Les Trônes** qui représentent les communautés humaines et apportent la justice.

Puis la deuxième hiérarchie angélique comprend :

- **Les Dominations**, qui ont pour mission d'étendre le règne de Dieu, s'occupent en particulier de toutes les personnes qui ont pour mission de diffuser la parole. Par exemple, les prêtres, les moines, les missionnaires, etc. Ils ont pour fonction de protéger les Hommes des énergies négatives.
- **Les Vertus** qui assistent tous ceux qui désirent devenir meilleurs.
- **Les Puissances** qui travaillent auprès des prêtres.

Enfin la troisième hiérarchie angélique comprend :

- **Les Principautés** qui prient jour et nuit. Leur préoccupation est le bien-être des nations.
- **Les Archanges** qui exécutent les ordres de Dieu. Ils peuvent prendre une forme visible et parfois humaine. Ils interviennent parmi les hommes.
- **Les Anges** qui sont des guides et des messagers pour les humains. Les anges gardiens ont pour fonction de veiller sans cesse sur l'être humain qui leur est confié.

Il convient de garder à l'esprit que cette hiérarchie vient du fait que le christianisme, à l'époque et c'est toujours le cas de nos jours, était hiérarchisé avec le pape, les cardinaux, les évêques, les prêtres, puis les moines, les religieuses et les laïcs. C'est pourquoi, Pseudo-Denys l'Aréopagite a modelé la hiérarchie angélique selon cette structure pyramidale. Cette forme de hiérarchie est assez réductrice parce qu'elle crée une séparation entre le Divin et l'humain. C'est l'une des raisons pour lesquelles les personnes ont souvent tendance à penser qu'elles doivent passer par un intermédiaire pour communiquer avec le Divin, les anges et les archanges. Malheureusement, la plupart des individus s'estiment indignes de cette relation. Il n'y a rien de plus faux. Tout être humain, quelles que soient les fautes qu'il a commises, est dans la capacité de communiquer avec le Divin, les anges et les archanges s'il ouvre son cœur à cette possibilité. C'est le droit de naissance de tout un chacun.

Je vous propose une autre hiérarchie que vous pourrez découvrir à la page 22. Cette hiérarchie, qui n'en est pas vraiment une, consistera davantage en une présentation des différents acteurs qui interviennent auprès de vous et de l'aide que vous pouvez attendre d'eux.

Les anges existent-ils vraiment ?

Les anges nous entourent tout le temps, du moins au sens figuré sinon littéralement, surtout pendant les fêtes de Noël. Ils apparaissent dans les peintures, gravures, figurines, T-shirts, affiches. Ils sont à peu près partout et sur tout. Ils sont éternellement populaires pour de nombreuses raisons, notamment parce qu'ils représentent l'amour inconditionnel, et les expériences personnelles qui peuvent être rapportées à leur sujet sont très touchantes. Les histoires d'anges concernent souvent des personnes qui sont sauvées de situations difficiles. D'ailleurs, il en est né l'expression « tu es un ange » lorsqu'une personne en aide une autre.

Les coïncidences significatives, les surprises agréables et les miracles sont souvent interprétés comme résultant du travail des anges. Qu'ils soient réels ou fictifs, les anges sont avec les humains depuis des millénaires, et leur présence constitue un grand réconfort pour toutes les personnes qui y croient.

Malgré des siècles de spéculations théologiques sur les anges, la science ne peut toujours pas nous affirmer s'ils existent. Jusqu'à ce jour, nous ne disposons d'aucune preuve tangible de leur existence. Pourtant, des philosophes comme Platon et Aristote étaient convaincus de leur réalité. Un grand nombre de personnes issues de cultures et de religions différentes relatent les expériences qu'elles ont pu avoir avec eux. En ce qui me concerne, j'ai retrouvé beaucoup de similitudes entre leurs histoires et les miennes, sachant que j'ai vécu mes premières expériences de nombreuses années avant d'avoir entendu la moindre histoire à leur sujet. Certaines personnes, qui pensaient l'idée totalement farfelue, après avoir expérimenté leur présence, ont changé instantanément leur système de croyances quant aux anges, aux guides spirituels, etc...

Comme c'est le cas depuis des siècles, leur existence n'a pas pu être prouvée et je ne serai pas en mesure non plus de vous la prouver. Je ne peux pas vous les présenter en chair et en os, tout simplement parce qu'ils ne sont pas faits de ces matières. De plus, de la même manière que vous ne voyez pas les ultraviolets (ils font pourtant partie de votre quotidien), il n'est pas possible de voir les anges, avec nos yeux physiques, dans notre dimension (sauf s'ils se matérialisent). Pour les percevoir partiellement dans la troisième dimension, il faut que vos yeux spirituels soient activés.

Je peux vous assurer qu'ils sont là, plus proches de vous que votre partenaire de vie, vos enfants ou un objet que vous tenez dans votre main.

La seule façon pour moi de vous « prouver » leur existence consiste à partager avec vous mes expériences, à vous encourager à créer votre propre relation avec eux et à vous expliquer comment le tout fonctionne.

Lorsque vous expérimentez leur présence, il n'existe aucun doute dans votre esprit. Vous n'avez besoin d'aucune preuve scientifique ni que quelqu'un vous déclare ce qui est vrai ou non. Vous savez, et cela, personne sur cette planète ne pourra vous l'enlever.

À la découverte de la hiérarchie spirituelle

Explorons la hiérarchie spirituelle

Il n'y a pas vraiment de hiérarchie spirituelle, pas dans le sens où nous l'entendons tout du moins. Nous vivons dans une dimension où la dualité est la base de notre compréhension. De ce fait, notre façon de penser est basée sur les oppositions, la qualification et la quantification.

Ce que je veux dire par là, c'est que nous avons tendance à prêter attention aux extrêmes, on est heureuxou malheureux, c'est bien ou c'est mal, c'est noir ou c'est blanc. En ce qui concerne les notions de quantification et de qualification, nous donnons une valeur et un rang aux événements, aux êtres et aux choses. Par exemple : « Il y a beaucoup » ou « Il y a peu », « Il est meilleur » ou « Il n'est pas terrible ».

La qualification et la quantification sont en outre des notions dualistiques qui nous limitent dans notre perception et dans notre compréhension du fonctionnement de l'univers dans son ensemble. Cela dit, sans dualité, nous ne serions pas en mesure d'effectuer des choix, d'avoir des préférences. Cela indiquerait la fin de notre expérience dans cette dimension, puisque l'une des raisons de notre incarnation ici, est de créer intentionnellement en choisissant ce qui nous parle le plus, ce que nous aimons passionnément.

C'est relativement paradoxal, car nous devons comprendre au-delà de la dualité tout en expérimentant celle-ci. Un nombre important de paradoxes existent dans l'univers, pourtant le tout fonctionne harmonieusement. Pour obtenir une compréhension plus globale de tout ce qui est, il est intéressant de naviguer entre les notions dualistiques et non dualistiques.

Les notions dualistiques sont en lien avec l'ego : dans son désir de protection et de survie, ce dernier va quantifier, qualifier, comparer et juger. Cela l'aide à trouver sa place et à donner un sens à son environnement. Comme notre mental, aussi appelé ego, n'arrive à mettre du sens qu'avec des notions dualistiques, nous pouvons considérer ensemble un ordre pour la hiérarchie spirituelle. Néanmoins, gardez bien à l'esprit que cela n'a pas de similitude avec la hiérarchie sociale. Maintenant, vous savez que cette démarche a pour unique but de donner du sens, la hiérarchie céleste n'est pas (quelque chose de) rigide.

Avant que je vous fasse découvrir cette hiérarchie, il vous sera d'une grande utilité de comprendre ceci : il n'y a pas de grand ni de petit dans le monde céleste, chacun a un rôle à jouer, c'est tout. Le rôle de chacun est important. Il en est d'ailleurs de même sur terre.

Toutefois, nous n'y sommes pas encore parvenus à cause de nos pensées dualistiques. Néanmoins, ce que l'on peut dire, sans y ajouter de jugement dualistique (c'est bien ou non), c'est que l'on est proche ou non du Divin énergétiquement. Plus la vibration de l'être est haute (par exemple les anges, archanges, etc.), plus il est proche et plus il a une compréhension de tout ce qui est.

Pour vous aider à mieux comprendre pourquoi nul n'est plus important qu'un autre, prenons l'exemple de notre corps physique. Est-ce que le rôle de votre cœur est plus important que celui de votre foie ? Voyez-vous où je veux en venir ? Vos cellules, votre sang, tous vos organes sont importants, ils ont tous un rôle à jouer. Il en est de même pour tous les êtres humains, la faune, la flore et tout ce qui existe sur notre belle planète bleue. Quand vous perdez des cellules mortes ou quelques neurones, cela ne les rend pas moins importants, ils ont eu un rôle à jouer à un instant donné, et durant ce temps ils étaient importants eux aussi.

Prenons un exemple, imaginez que vous devez assembler 1000 pièces d'un puzzle, et vous avez perdu 15 pièces ; certes vous allez pouvoir travailler sur votre œuvre, cependant celle-ci ne sera jamais achevée, parce que ces 15 pièces ont une importance dans le schéma final du puzzle. L'absence de ces 15 pièces n'est pas dramatique, toutefois elle est gênante et problématique.

Il est une remarque, qui est une pure croyance en provenance des religions, dont on me fait souvent part, elle se présente comme suit : les êtres humains ne peuvent pas communiquer avec les êtres de lumière de l'autre côté du voile. Les communications que certaines personnes pensent entretenir sont en réalité l'œuvre d'esprits farceurs ou de démons.

Si vous aussi pensez ainsi, posez-vous la question suivante : « Comment peut-on prétendre croire au Divin, à Celui qui détient toute puissance, et avoir une si piètre opinion de Lui ? » Il laisserait des personnes emplies de bonnes intentions et innocentes se faire duper de la sorte, sans intervenir ? Je tiens à attirer votre attention sur le fait que les enfants sont ceux qui sont le plus connectés au monde invisible. Ils ont souvent une perception bien nette du monde éthérique puisqu'ils se connectent facilement avec leur conscience supérieure, jusqu'à ce que les adultes les poussent à se fermer à ce monde.

Ainsi considérons un enfant et ses parents. Pensez-vous que des parents aimants laisseront leur enfant croire qu'il sait nager alors que cela pourrait le conduire à une noyade certaine ? Il en est de même pour le Divin. D'ailleurs, vous pouvez le considérer comme votre parent principal.

L'autre remarque que l'on m'adresse souvent est la suivante : « Si je peux communiquer directement avec le Divin, pourquoi passer par les anges, les archanges, les guides, etc. ? »

À cela, je réponds : « Est-ce que nous apprenons uniquement de nos parents ? Ou pouvons-nous nous enrichir et évoluer au contact de nos pairs, des enseignants, etc. » ? De plus, tout ce qui est, fait partie du Divin, donc, d'une certaine manière, nous communiquons toujours avec lui, même lorsque c'est par l'intermédiaire d'un ange, d'un archange et même d'un être humain.

Une dernière précision avant d'aborder la hiérarchie céleste : je vais vous présenter le Divin selon ma conception. Ceci n'est qu'une perspective qui n'est pas complète, car je ressens et je crois que nous avons tous la vérité en nous, et que cette vérité est presque complète quand nous les assemblons toutes ensemble. Je dis « presque », parce que les choses sont bien plus complexes que les vérités que nous détenons.

Le Divin est une énergie pure qui est omniprésente, omnipotente et omnisciente, il est l'Oméga et l'Alpha, tout est en lui et il est en toute chose. Lorsque dans la Bible, genèse 1:26-27, il est écrit que nous sommes faits à l'image de Dieu, cela ne concerne pas notre corps de chair, comme il est bien souvent pensé, mais l'essence de notre énergie. Nous sommes l'extension du Divin qui est amour pur. Il n'existe rien d'autre, dans l'absolu, que cet amour inconditionnel qui est notre essence. Nous sommes un petit bout de lui. En tant qu'êtres humains, nous pourrions nous définir comme étant les cellules de son corps, les anges et les archanges des organes vitaux.

Une autre des raisons de notre incarnation dans la troisième dimension est de nous rappeler qui nous sommes dans ce monde de dualités. Comme nous l'avons vu au début de ce chapitre, nous sommes limités à cause de notre perception dualistique. Cette façon de percevoir les choses nous pousse à nous retrancher dans la peur, le doute, l'incertitude et l'anxiété. Des émotions qui, souvent, nous incitent à mentir, tricher, cacher, etc. Ce qui nous éloigne de notre essence et de notre puissance en tant qu'extension du Divin. Autre inconvénient, nous avons tendance à appliquer notre vision limitée à l'ensemble de l'univers.

Cela dit, lorsque nous élevons notre conscience, il n'y a rien de caché, le mensonge n'existe pas et nous ne pouvons pas tricher énergétiquement. L'énergie ne ment jamais. Toutes les supercheries humaines ne vont pas au-delà de la dimension physique. Je comprends qu'il est difficile de trouver une logique à tout cela, surtout lorsque l'on considère la manière dont les choses fonctionnent sur terre, toutes ces injustices. Pourtant, il n'y a jamais d'injustices. Le problème, c'est que nous ne regardons qu'un aspect des choses, nous possédons une vision limitée et nous aimons tirer rapidement des conclusions. Il n'existe pas de logique pour toutes choses ou, devrais-je dire, notre ego ne comprend pas la logique dans tout ce qui est. Pourtant, tout est mathématique au niveau du fonctionnement de l'univers, il n'y a pas de place à l'erreur, aucune. C'est pour cela que l'énergie dit toujours la vérité, puisqu'elle est l'unité de mesure de toutes choses.

En tant qu'êtres humains, nous nous arrêtons tout simplement à ce que nous voyons ou percevons et nous n'allons pas plus loin que cela… la plupart du temps. Cependant, si nous nous connectons à l'énergie de nos interlocuteurs, nous savons automatiquement à qui nous avons affaire, il n'y a rien qui puisse être caché. Si des choses sont cachées, c'est que nous ne souhaitons pas les voir, consciemment ou inconsciemment. Il en est de même avec les êtres qui sont de l'autre côté du voile. Ils ne peuvent pas nous dissimuler leur vraie nature, à moins que nous préférions mettre des œillères.

Si vous voulez développer votre compréhension du monde énergétique, je vous recommande grandement de développer votre empathie, appelée aussi clairsentience.

Afin de nous souvenir de qui nous sommes, nous recevons de l'aide en provenance de plusieurs êtres du monde imperceptible. Dans cette hiérarchie, je vous présente tous les acteurs qui interagissent directement avec nous et qui interviennent en notre faveur.

Dans un monde d'Amour absolu et inconditionnel, il n'y a personne de supérieur, de meilleur, de plus important, etc. Chacun a un rôle à jouer et une mission à remplir, tout simplement ; vous allez découvrir le rôle et la mission de chacun.

Les différents êtres qui peuplent le monde céleste

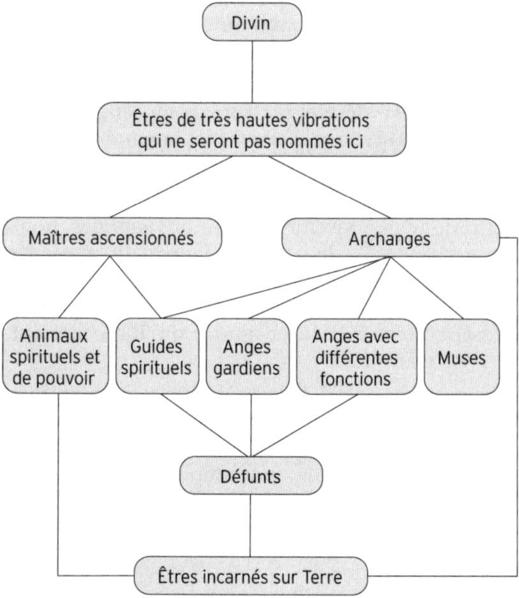

Le Divin

À l'origine de tout, il y a la source, le Divin – omniprésente, omnipotente, omnisciente. Nous l'avons évoqué au début de ce chapitre. C'est dans cette belle énergie que nous vibrons tous. C'est la raison pour laquelle nous sommes tous UN. Toutefois, dans la troisième dimension, pour la majorité des êtres humains, le niveau de conscience est à des années-lumière de cette perfection dont nous sommes tous issus.

Les êtres de hautes vibrations

Je n'ai pas eu l'occasion d'interagir avec eux ; et si cela a été le cas, je n'en ai aucun souvenir conscient. Néanmoins, je sais qu'ils existent et qu'ils interviennent en notre faveur. Quand je demande aux anges de m'en dévoiler plus à leur sujet, l'archange Michael me dit que ces êtres à haute vibration travaillent à maintenir l'harmonie, l'unité, la paix, l'équilibre et la cohérence. Il me fait comprendre qu'ils s'occupent de tout ce qui « est » : l'équivalent de nos mathématiques, des symboles et de la géométrie sacrée. Ils travaillent au maintien de l'ordre. Certains sont l'essence d'un mot : par exemple, l'un des êtres de haute vibration est l'essence du mot « paix », sa fonction consiste à aider les humains à ressentir la paix dans leur cœur et à en comprendre l'essence. D'une façon ou d'une autre, nous avons tous été en contact avec ces êtres indirectement. Ils sont ce qu'il y a de plus proche du Divin. Les anges, les archanges et les maîtres ascensionnés sont en contact direct avec eux. C'est un peu comme s'ils étaient des référents du mécanisme énergétique.

Les archanges

Les archanges sont des êtres de lumière qui n'ont jamais été incarnés (à l'exception de Métatron et Sandalphon). Ils sont un peu comme les chefs d'orchestre du monde angélique par rapport à leurs domaines d'intervention. Ils viennent à nous avec beaucoup d'amour, d'acceptation, de compréhension et une grande compassion. Ils ont pour objectif de nous aider à évoluer sur le plan spirituel, nous réconforter quand cela est nécessaire, nous aider à voir la vérité, nous apporter un soutien sans faille dans ce que nous entreprenons. Comme notre ange gardien, ils ont le « devoir » de nous protéger de tout danger. Comme tous les êtres célestes, ils obéissent à la loi universelle du libre arbitre. Cela signifie qu'ils sont là pour vous servir et non pour imposer leur volonté. Ils vous laisseront toujours le choix final.

Pour avoir utilisé mon libre arbitre bon nombres de fois, je peux vous assurer que ce qu'ils vous conseillent est toujours la voie de la sagesse, la voie la plus simple et la plus positive pour votre évolution. Même si je n'ai aucun regret d'avoir effectué mes propres choix, ce que je ferai encore si je l'estime nécessaire, mon constat a été qu'à chaque fois que j'ai écouté les anges, mes guides, les choses sont plus fluides, simples et agréables.

Sachez qu'ils ne vont jamais insister. Ils sont très respectueux de vos décisions. Ils ne se vexeront pas si vous n'êtes pas à l'écoute, ils seront toujours là pour vous aider et vous encourager. Vous pourrez en apprendre plus à leur sujet à la page 79.

Les maîtres ascensionnés

Les maîtres ascensionnés sont des êtres qui sont passés par les plus grandes initiations mentales, physiques, émotionnelles et spirituelles quand ils étaient sur terre. Ils ont une grande compréhension de ce que cela signifie d'être incarné dans la chair puisqu'ils l'ont expérimenté. Au cours de leur passage sur notre planète, ils ont eu pour mission de guider à l'éveil, en masse, des consciences. Dans l'ensemble, ils ont été des exemples et ils ont transmis des savoirs essentiels pour l'évolution de l'humanité.

Il est important de comprendre que très souvent, avant leur incarnation, ils étaient déjà grandement avancés sur le plan spirituel. Ils sont venus avec le souvenir de qui ils sont vraiment et ils étaient pleinement conscients de leur mission dans les grandes lignes. Leur passage sur terre leur sert aussi à parfaire leur savoir, leur compréhension et à les aider dans leur propre évolution. Lors de leur passage sur terre, ils ont connu ce qu'est l'ego, cependant ils étaient dotés de grandes facilités pour dépasser leur « petit moi » grâce au souvenir de qui ils sont.

Une fois de retour dans l'Éther (l'espace céleste), si tel est leur désir, ils continuent de jouer un grand rôle pour l'avancée de l'humanité. Toutefois, les êtres qui ont été des guides et des exemples sur terre peuvent choisir de continuer leur route ailleurs, dans d'autres dimensions, d'autres univers.

Par exemple, j'aurais pensé que Nelson Mandela était un maître ascensionné. Lorsque j'ai demandé si c'était le cas, il m'a été répondu qu'il aurait pu l'être. Cependant, il a préféré continuer sa route dans d'autres sphères.

Certains maîtres supervisent la terre et sa croissance, d'autres œuvrent au niveau cosmique, ou bien encore ils travaillent avec nous en continuant de nous guider individuellement et collectivement. De plus, de futurs maîtres ascensionnés sont actuellement initiés, guidés et suivis par les anciens.

Certains des plus grands maîtres évolués, servant au niveau cosmique, comprennent Maitreya, Gautama Bouddha, Melchizédek.

Ceux qui supervisent la Terre sont des maîtres tels que Jésus, Guan Yin, Mère Teresa, la Vierge Marie, Saint Germain et bien d'autres.

De nouveaux maîtres ascensionnent tout le temps. Beaucoup de personnes dites « ordinaires », qui ne sont pas célèbres au sens terrestre, deviennent des maîtres ascensionnés. Parmi les personnes les plus célèbres qui le sont actuellement, nous pouvons citer : Mahatma Gandhi, Mère Teresa avec qui j'ai travaillé quelques années pour l'ouverture du cœur et la princesse Diana, pour n'évoquer que celles-là. La plupart des maîtres ascensionnés continuent leur apprentissage, il faudra peut-être des centaines, voire des milliers d'années terrestres avant qu'ils n'assument le même niveau de responsabilité que des maîtres tels que Jésus et la Vierge Marie par exemple.

En ce qui concerne leur apparition, ils se présentent toujours avec l'image qu'ils avaient sur terre. Ils sont donc faciles à reconnaître. De plus, ils ont une signature énergétique bien spécifique : dès qu'ils sont près de vous, vous vous sentez instantanément paisible et serein. Leur communication est directe et simple.

Ils peuvent vous apparaître sous forme de vision (vous pouvez les voir avec vos yeux physiques et/ ou vos yeux spirituels), en méditation, en rêve, symboliquement (vous allez souvent voir un signe qui les représente, par exemple).

Ils ont la capacité de se démultiplier, comme les anges et les archanges. Ils peuvent être à plusieurs endroits dans le même temps. C'est-à-dire qu'ils peuvent s'occuper d'un grand nombre de personnes simultanément. C'est pour cela qu'il ne faut pas vous sentir gêné de faire appel à eux. Leur fréquence vibratoire est tellement élevée qu'ils ont la possibilité d'aider et de guider tout la population planétaire dans le même temps, si cela est nécessaire.

Vous pouvez faire appel à eux à n'importe quel moment, en les appelant pas leur nom. Il est bénéfique de connaître leur fonction afin de faire appel au bon interlocuteur. Néanmoins, comme je vous l'ai indiqué au début, ce n'est pas d'une importance capitale.

Jésus va vous aider pour tout ce qui concerne la foi, apprendre à vous aimer, si vous manquez d'amour, vous allez ressentir son amour compatissant. Il va vous aider à vous connecter à votre cœur et comprendre tout ce qui est en lien avec la loi de l'attraction. Si vous souhaitez mieux connaître vos parties divines (esprit et âme) ainsi que tout ce que vous êtes capable d'accomplir dans cette dimension, il est votre meilleur interlocuteur.

La Vierge Marie va vous aider pour tout ce qui concerne les enfants, que vous soyez déjà un parent ou que vous souhaitiez le devenir. Si vous travaillez avec les enfants en tant qu'éducateur, enseignant et surtout si vous agissez pour la protection des enfants et rencontrez la moindre difficulté, appelez Marie à votre secours.

Elle possède une énergie très maternelle. Elle va vous apporter du réconfort, de la douceur et une oreille très attentive. Vous allez pouvoir sentir facilement son amour et sa compassion dans vos communications avec elle.

Bouddha, Chaque bouddha apporte comme un parfum différent à sa fonction. Toutefois, dans l'ensemble, si vous manquez de volonté, de concentration, de persévérance, de centrage et de joie, ils sont les parfaits interlocuteurs.

Mère Teresa va vous aider à développer la compassion, votre clairsentience, à pratiquer l'ouverture du cœur et à aider les autres à ouvrir le leur. Elle va vous aider à trouver la paix et le calme en vous. Elle vous apprend à dédramatiser une situation. J'ai éprouvé vraiment beaucoup de plaisir à me développer avec elle. N'hésitez surtout pas à la solliciter. Elle est vraiment une enseignante très douce et patiente, toujours au service des autres.

Guan Yin va vous aider à être miséricordieux avec autrui, à éprouver de la compassion pour l'humanité. Elle vous enseigne le vrai pardon de soi et des autres. Elle va vous apprendre à être humble.

Les anges

Les anges sont des messagers purement spirituels. Ils n'ont jamais été incarnés et ne connaissent pas ce qu'est l'ego, les émotions négatives, etc. Ils ont toujours été dans un état de béatitude total. Ils ont pour objectif d'aider l'humanité à évoluer. Ils sont concentrés sur l'évolution spirituelle et non pas matérielle des Hommes, puisqu'ils savent que notre dimension n'est qu'une pure illusion dont il nous faut sortir. Vous pourrez en savoir plus à leur sujet à la page 70.

Les anges gardiens

Nous avons tous un ange gardien, que nous y croyions ou pas, et que nous interagissions avec lui ou non. Il doit veiller à ce que nos expériences se passent le mieux possible durant notre incarnation. Il doit s'assurer aussi que nous sommes en mesure de remplir nos missions de vie. Pour cela, il va déposer des indices sur notre route, encore et encore, afin de nous rappeler qui nous sommes et pourquoi nous sommes là. Il est d'une patience, d'un amour infinis et ne se lasse jamais de nous aider. Vous trouverez davantage d'informations à leur sujet page 74.

Qu'est-ce qu'une mission de vie ?

Il est rare de n'avoir qu'une seule mission de vie. Même dans le cadre d'une unique mission de vie, celle-ci est en perpétuelle évolution. De la même façon que vous évoluez, votre/vos missions de vie évoluent avec vous. Vous savez que vous remplissez votre vocation quand vous vous sentez à votre place, que vous êtes dans la joie à l'idée d'accomplir vos actions et que vous ressentez intérieurement que votre vie fait sens.

La mission de vie n'est pas forcément liée à votre emploi. Cela peut être le désir de faire du bénévolat pour une cause particulière, de maîtriser une discipline ou le désir d'avoir des enfants et de leur donner la meilleure éducation possible, parfois cela consistera à aider une seule et unique personne… Cette liste est non exhaustive. Il n'y a pas de petite ni de grande mission, elles sont toutes aussi importantes les unes que les autres.

Nous avons tous des missions de vie uniques, tout comme les empreintes de nos doigts sont uniques.

Si vous souhaitez trouver votre/vos missions de vie, voici une équation qui peut vous aider : vos 3 valeurs hautes personnelles + vos capacités et qualités naturelles + un désir brûlant de faire et d'accomplir certaines choses + ce qui vous met en joie et vous passionne + ce que cela apporte à l'autre.

Les guides spirituels

Les guides spirituels sont des êtres spirituellement évolués qui ont été incarnés plusieurs fois sur terre. Suite à leur dernière désincarnation, ils ont décidé de poursuivre leur apprentissage en nous accompagnant depuis le monde invisible. Ils peuvent avoir été guides spirituels de nombreuses fois, entrecoupées ou non d'une ou plusieurs incarnations. Ils nous aident tout autant que nous les aidons dans leur évolution. Selon leur niveau d'évolution, ils peuvent aussi se positionner sur une fonction de maître ascensionné après leur mission en tant que guide spirituel. La plupart du temps, ils aident dans des domaines bien spécifiques. Domaines dans lesquels ils étaient experts lors de leur passage sur terre.

Nous avons des guides spirituels qui nous suivent depuis la naissance jusqu'à notre désincarnation. Je les appelle les guides spirituels permanents. Ils nous sont attribués en fonction de notre fréquence vibratoire avant notre incarnation, en corrélation avec la leur. Il faut qu'il y ait une aide mutuelle et que l'association soit profitable aux deux parties. Ce qui n'est pas le cas pour les anges, les archanges et les maîtres ascensionnés. Même si eux aussi sont en constante évolution, il n'y a pas besoin de réciprocité.

De mon expérience, nous avons en moyenne entre trois et cinq guides spirituels permanents, c'est-à-dire qui nous suivent depuis la naissance, jusqu'à notre retour dans l'Éther. Ensuite, nous avons une quantité de guides spirituels temporaires. Le terme « temporaire » signifie que leur intervention peut durer d'une minute à plusieurs années. Tout dépend de nos besoins. Ceux-ci sont comme des itinérants qui vont de mission en mission. Ils se présentent où ils sont nécessaires et/ou appelés.

Vous pouvez appeler un guide temporaire à tout moment. Imaginons que vous devez réparer votre ordinateur et que vous n'êtes pas sûr à 100 % de ce que vous faites, vous pouvez demander qu'un guide, expert dans la problématique que vous rencontrez, vienne vous soutenir lors de votre intervention sur votre ordinateur. Il restera à vos côtés le temps nécessaire. Il va vous inspirer pour effectuer les bons gestes, pour trouver la bonne solution ou vous pousser à faire appel à la bonne personne, celle qui dans le monde physique pourra vous aider efficacement.

Les guides spirituels ont toujours un ego, cela n'a rien avoir avec l'ego que nous avons sur terre. Cependant, ils sont toujours des êtres émotionnels avec une forme de dualité très diluée, toutefois toujours présente. Cela étant dit, vos guides spirituels sont toujours plus avancés que vous, et ils sont d'une aide inestimable. Les guides spirituels permanents et les anges gardiens sont les êtres célestes qui sont présents avec vous en permanence.

Ils peuvent vous apparaître en méditation, en rêve, en vision – de mon expérience, je ne les ai jamais vus se matérialiser physiquement. Ils apparaissent comme les défunts, avec un ectoplasme, comme un fantôme. Je les différencie des défunts car ils ont une vibration et une lueur beaucoup plus élevées. Il est à noter que lorsque les défunts ne restent pas dans ce que j'appelle l'entre-deux-monde, eux aussi ont une lueur et une vibration beaucoup plus élevées. Ils peuvent devenir guides pour les humains ou continuer vers d'autres sphères.

Les guides permanents, comme les anges gardiens, ne s'occupent que d'une personne à la fois. Alors que les guides temporaires sont missionnés. Ils peuvent avoir plusieurs missions, cependant ils ne s'occupent que d'une personne à la fois à un instant T.

Les animaux spirituels et de pouvoir

Nous avons aussi des animaux pour nous guider durant notre séjour sur terre. Ils sont nommés animaux spirituels et animaux totems ; même si, dans le fond, leurs fonctions sont plus ou moins similaires, il existe quelques différences entre ces deux catégories.

Les animaux spirituels, également appelés animaux guides ou animaux esprits, sont accessibles à tout le monde et à tout moment. Ce sont des guides spirituels sous la forme d'animaux. Ils peuvent vous donner du pouvoir (leurs forces), vous apporter un enseignement (en vous poussant à travailler sur vos faiblesses qui font miroir avec les leurs), vous guider et vous aider à guérir. Ils peuvent vous apparaître physiquement, en méditation, en rêve, symboliquement (sous forme de signe), ou encore s'insérer dans votre énergie (aura et chakras) et par vision (cette méthode d'apparition reste rare).

Vous pouvez faire appel à eux à tout moment. Par exemple, si vous sentez que vous manquez de courage pour réaliser une tâche, vous pouvez faire appel à l'énergie de l'ours ; ou si vous trouvez que vous manquez de clarté dans votre vision, au sens propre comme sens au figuré, vous pouvez appeler l'énergie de l'aigle ou du faucon pour vous aider. Les anges aussi peuvent vous les envoyer s'ils estiment que vous avez besoin de leur aide. Dans la partie « Quelques histoires angéliques », je vous relate l'histoire d'un jeune homme qui a été guidé par un animal envoyé par son ange gardien (voir page 147).

Vous pouvez avoir un ou plusieurs animaux spirituels tout au long de votre vie, lors d'occasions spécifiques ou de moments critiques, même sans en exprimer la demande consciemment, votre âme et votre ange gardien prenant le relais quand cela est nécessaire, pour vous aider. J'ai vu bon nombre de fois les animaux apporter leur énergie à mes clients alors qu'ils n'en avaient aucune conscience. Néanmoins, ils ne sont nullement surpris quand je leur explique ce que l'énergie de l'animal leur apporte.

Les insectes aussi font partie des animaux spirituels. Ou devrais-je dire « insectes spirituels » ? Je sais que bon nombre de personnes ne les aiment pas, cependant ils peuvent vraiment vous être d'un grand secours. Je ne remercierai jamais assez tous les cafards qui sont venus m'annoncer qu'il était temps de sortir d'une situation et d'agir maintenant. Chaque fois qu'ils sont venus me dire de passer à l'action, tout a toujours été d'une grande fluidité. Les fourmis qui viennent annoncer qu'il y aura une quantité de travail qu'il faudra assumer. Je ne les ai pas toujours écoutés par le passé, je peux vous affirmer qu'aujourd'hui je le fais car j'ai regretté de ne pas avoir suffisamment anticipé. Un dernier exemple, les araignées, qui vous apprennent à être patient car ce que vous créez est en route. Elles vous encouragent à continuer de créer votre toile. Elles apparaissent aussi dans votre vie pour vous rappeler que vous êtes toujours protégé.

Vous voyez, les insectes ont beaucoup à offrir quand on prend le temps de les écouter.

Les animaux totems, aussi appelés animaux de pouvoir, font partie de notre équipe très personnelle de guides spirituels. Je n'en ai pas vu chez tout le monde, je les retrouve surtout chez les personnes ayant eu des vies antérieures en tant que chamanes (ou ayant eu un lien très fort avec la nature dans leurs précédentes vies), ou lorsque les individus ont un lien fort avec Mère Nature dans cette vie présente. Comme nos guides spirituels permanents, ils sont nos guides personnels depuis notre premier souffle jusqu'au dernier. Il est possible d'en avoir plusieurs, jusqu'à neuf pour certains.

Vous ne choisissez pas vos animaux de pouvoir, comme les guides spirituels permanents, c'est encore une histoire de vibration. Les animaux totems représentent souvent des qualités, des attributs et des faiblesses que la personne retrouve chez elle également. Ils sont dévoués à aider. Je ne connais pas chez eux le besoin de réciprocité, comme cela peut être le cas pour les guides spirituels. Cela dit, nous guider les aide aussi à évoluer. Généralement quand je vois les animaux totems chez mes clients, ils se présentent toujours au-dessus du chakra couronne, en plus des autres endroits où ils peuvent se greffer (l'aura et les chakras) pour aider. C'est de cette manière que je sais qu'ils ne sont pas des animaux spirituels, puisque je peux retrouver ces derniers un peu partout dans le champ énergétique d'une personne, mais jamais au-dessus du chakra couronne. Comme les insectes spirituels, les insectes peuvent faire partie de vos animaux de pouvoir.

Les chakras

Le mot « **chakra** » vient du sanskrit *cakra* qui signifie « roue ». Les chakras sont des vortex d'énergies tourbillonnantes qui symbolisent le flux d'énergie dans notre corps. Chacun des sept chakras principaux est près d'un centre nerveux important et gouverne des chakras mineurs, un ensemble d'organes, des sections du corps et une glande spécifique. Ils sont logés le long de la colonne vertébrale, du sommet de la tête jusqu'au plancher pelvien, et s'étendent perpendiculairement dans les sept couches de l'aura.

Chaque chakra a une fréquence vibratoire spécifique impactant nos expériences de vie et une puissance de guérison unique.

Chakra couronne (violet) – Concerne nos pensées, nos idées, notre connexion au Divin et à notre partie divine. C'est le chakra de l'illumination et de la sagesse.

Chakra du 3e œil (indigo) – Où se développent et prennent essor tous nos sens extra-sensoriels. Concerne l'intuition, le passé, le présent et le futur, ainsi que l'imagination. C'est le chakra de la conscience.

Chakra de la gorge (bleu/turquoise) – Concerne l'expression de soi, de sa vérité, de sa/ses missions de vie. C'est le chakra de la communication.

Chakra du cœur (vert) – Concerne l'amour inconditionnel, la compassion et le pardon.

L'âme communique avec nous à travers ce chakra pour nous transmettre des désirs ou de l'amour pour certaines choses, certaines expériences... C'est le chakra de l'amour et de la guérison.

Chakra du plexus solaire (jaune) – Concerne le pouvoir personnel, l'amour de soi, la confiance en soi, la valeur de soi, l'estime de soi. Ce chakra nous offre l'opportunité de vivre l'expérience terrestre individuellement. C'est le chakra de l'ego et de la volonté.

Chakra sacré (orange) – Concerne la sensualité, l'instinct, la créativité. Il nous indique où nous en sommes dans nos relations avec les autres – exception faite de la famille nucléaire. C'est le chakra du plaisir et de la créativité.

Chakra racine (rouge) – C'est le chakra des besoins primaires. Il concerne le sentiment de sûreté, les besoins essentiels de survie. Dans ce chakra se trouvent les parents biologiques et toute autre personne vous ayant éduqué (beaux-parents ou autres), ainsi que vos frères et sœurs.

Les animaux totems guident, ils peuvent guérir et ils aident à l'évolution personnelle et spirituelle.

Vous avez leurs forces et leurs pouvoirs en vous. Dans le cas où vous avez la sensation de ne plus bénéficier de leur pouvoir, vous pouvez simplement les appeler, vous connecter à eux, et réclamer la réinitialisation de votre être. Cela se passe comme pour un ordinateur, vous allez vous retrouver avec les installations de base que vous aviez lors de votre arrivée sur terre.

Tout comme les animaux spirituels, ils peuvent vous apparaître dans votre quotidien, en rêve, en méditation, symboliquement, en vision, dans votre champ énergétique et au-dessus de votre chakra couronne.

Une façon simple de connaître son/ses animaux totems consiste à revisiter votre enfance : votre animal totem ou vos animaux totems se sont manifestés à ce moment-là. Soit vous l'avez eu à plusieurs reprises dans votre vie comme animal domestique (et souvent, c'est toujours le cas, ou encore vous avez toujours un fort désir d'en avoir un), soit vous éprouviez un attrait particulier pour certains animaux étant enfant et vous avez collectionné des images par exemple. Autre possibilité, votre animal totem est souvent venu dans votre champ de conscience sous forme d'images, ou bien vous entendez souvent parler de lui.

Les animaux totems peuvent également être le symbole d'une certaine tribu, d'un clan, d'une famille ou d'un individu.

Découvrir vos animaux totems et spirituels vous sera d'une grande aide afin de mieux vous connaître et vous comprendre.

L'aura

Également appelée champ énergétique, l'aura se compose d'énergies électromagnétiques de densités variables. On peut voir une aura autour des objets, des animaux, des minéraux, des plantes et de l'être humain. Autrement dit, tout ce qui existe a une aura, celle de l'Homme étant la plus complexe et celle d'un objet la plus simple.

Votre champ aurique, composé de sept couches principales (le corps éthérique, le corps émotionnel, le corps mental, le corps astral, le gabarit du corps éthérique, le corps céleste et le corps causal), contient toutes les informations concernant votre être – corps, âme (toute l'histoire de votre âme depuis la nuit des temps) et esprit.

L'aura est l'empreinte énergétique de qui nous sommes, elle est unique, propre à chaque individu. Elle est affectée par nos pensées, nos émotions, nos actions, nos paroles, nos croyances, mais également par les énergies de l'environnement et par le champ électromagnétique de la planète.

Les défunts

Il se passe beaucoup de choses quand on retourne de l'autre côté du voile, tout comme avant notre venue sur terre. Tout n'est pas toujours simple. Il ne s'agit pas d'affirmer simplement : « on meurt et tout le monde va dans le même lieu spécifique » ou « certains vont en enfer et les autres au paradis ». Certains défunts restent de nombreuses années dans ce que j'appelle l'entre deux mondes. Tout va dépendre du niveau d'évolution de l'individu, de sa volonté d'avancer, de sa capacité d'accepter qu'il n'est plus incarné sur terre, de ses désirs d'âme, etc.

Concentrons-nous ici sur le rapport entre les défunts et les êtres toujours incarnés sur notre belle planète bleue. Il arrive parfois que les êtres que nous aimions (membre de la famille, ami, partenaire, etc.) ou nos ancêtres, même si nous ne les avons pas connus dans cette vie, nous accompagnent durant un temps ou le reste de notre vie sur terre.

Ils peuvent remplir cette mission de guides spirituels, ce qui les aide à évoluer, tout en vous aidant dans le même temps. Au début de ce livre, j'ai évoqué ma grand-mère qui m'a accompagnée durant dix ans ; la liste de toutes ses guidances serait l'équivalent d'un chapitre entier, mais voici un exemple qui vous montre comment ils peuvent vous aider. Lorsque j'avais effectué ma demande de PVT (Programme Vacances Travail) Canada, j'avais fait une demande simple, je l'ai obtenu en janvier 2012. En mars, ma grand-mère est venue me visiter, me demandant de rouvrir mon dossier pour remplir une demande complète (qui me donnerait l'opportunité de travailler avec les enfants ou en hôpital). Grâce à cela, j'ai obtenu mon premier emploi, depuis la France, quinze jours avant de partir. Le bonus, c'est que cet emploi m'a donné l'opportunité de rester au Canada.

Comprenez qu'il y a toujours un consensus entre vous (votre âme) et les intervenants non incarnés (guides spirituels, défunts, etc.). Il ne vous arrive jamais rien sans votre accord, que vous en ayez conscience ou non.

Cela dit, ce n'est pas parce qu'ils sont de l'autre côté, qu'ils sont plus évolués spirituellement que vous ou qu'ils ne l'étaient avant leur désincarnation. Les défunts qui se trouvent dans l'entre deux mondes ont toujours les traits de leur personnalité, les bons comme les mauvais. C'est pour cette raison, qu'il n'est pas toujours judicieux de les écouter, car ils peuvent vous influencer dans vos choix, de la même façon que n'importe quel individu sur terre peut vous infléchir, si vous êtes influençable. S'ils n'étaient pas avancés sur terre, il y a peu de chances qu'ils le soient après leur mort, surtout si elle est récente. À moins d'un déclic de dernière minute, ce qui arrive.

Seuls les défunts ayant un avancement spirituel élevé seront dans la capacité de vous accompagner et de vous guider sur une courte ou une longue période.

Qu'il s'agisse d'êtres que vous avez aimés, qui vous accompagnent, de guides spirituels, d'anges, d'archanges, d'animaux guides et totems, de votre âme, la règle est la suivante pour tous : « Rien de ce qui vous sera conseillé ne vous sera imposé. Rien de ce qui vous sera conseillé ne portera préjudice ni à vous ni à quiconque. Rien de ce qui vous sera conseillé sera à votre avantage, au détriment d'autrui. Tout message est bienveillant, pour le bien et la prospérité de tous, ainsi que pour votre protection. »

Alors si vous vous sentez oppressé ou si les messages peuvent vous causer du tort ou à toute autre personne, demandez immédiatement à votre ange gardien de vous protéger et à l'archange Michael de faire le ménage. Cessez toute communication, le tout sans aucune peur ou panique, car la réalité est que vous êtes toujours protégé, vous pouvez avoir totalement confiance en cela. Si vous laissez vos peurs prendre le dessus, vous donnez du pouvoir aux entités qui jouent avec vous. Vous pouvez ancrer cette croyance en vous car c'est une loi immuable de l'univers, rien ni personne ne peut vous faire quoi que ce soit sans votre consentement, même pas le Divin.

L'âme

Notre âme est l'essence de l'être que nous sommes vraiment. Selon la Bible, l'âme est l'union entre l'esprit et le corps. Cela signifie que l'esprit est éternel et l'âme est comme un autre véhicule pour l'esprit, au même titre que notre corps physique.

Ma définition est simplement inversée par rapport à celle de la Bible, du fait de la culture entre autres.

Dans la troisième dimension, ces trois parties cohabitent et forment qui nous sommes.

Si vous vous souvenez, je vous ai dit que nous sommes des êtres multidimensionnels, cela vous aidera à comprendre le concept. Votre âme, qui se trouve à une fréquence vibratoire très élevée, a accès à la dimension dans laquelle elle se trouve ainsi qu'à toutes celles qui sont plus basses que la sienne. Elle est aussi présente dans notre troisième dimension, elle fait partie de vous, ou pour être plus exacte, elle vous enveloppe. Votre esprit, qui navigue entre des mondes intermédiaires, fait le pont entre votre âme et votre corps physique. Et pour finir, vous avez votre corps physique dans notre fameuse dimension. Chaque fois que vous entrez en communication avec votre esprit et/ou votre âme, vous avez accès à une partie supérieure de votre conscience.

Votre âme, par sa position, possède un savoir, une sagesse que la chair n'est pas en mesure de comprendre. Elle cherche toujours à vous inspirer afin que vous viviez les expériences les plus enrichissantes et que vous développiez votre plein potentiel. Elle passera souvent par les émotions afin de communiquer avec vous, mais aussi par les rêves et les signes. Deux excellentes méthodes pour mieux la capter consistent dans l'utilisation de la respiration consciente et de la méditation. D'ailleurs, vous pouvez combiner ces deux procédés lors d'une même pratique. Vous vous demandez peut-être : « Qu'est-ce que la respiration consciente et pourquoi utiliser cette méthode ? » L'âme et l'esprit prennent pleinement possession du corps physique lors du premier souffle et le quittent définitivement, lors du dernier souffle. Votre respiration est comme l'antenne de votre radio. Elle vous permet de bien capter les messages de votre âme. De plus, elle a un pouvoir incroyable sur votre corps physique. La respiration consciente va apaiser votre système nerveux, ralentir votre rythme cardiaque, même durant l'effort, et transformer votre perception. Il existe plusieurs techniques de respiration consciente. Vous pouvez en tester plusieurs et déterminer celle qui vous convient le mieux. En voici une très simple et efficace, il s'agit de ralentir votre respiration, tout en prenant consciente de votre corps. Pour cela, comptez jusqu'à 6 en inspirant et jusqu'à 8 en expirant, puis relâchez les tensions que vous avez dans le corps. Vous pouvez pratiquer cette méthode partout et à tout moment de la journée (sauf en conduisant ou en opérant sur des machines lourdes ou dangereuses). La respiration consciente vous ramène dans le présent, ce qui facilite la communication avec l'âme. Il est très intéressant d'utiliser cette méthode avant de s'abandonner à la méditation qui vous aidera à percevoir les messages de votre âme, sous forme d'images, de sons, d'idées et/ou de sensations.

À quoi votre âme ressemble-t-elle ? Elle est une énergie pure, elle n'a pas de forme particulière. On pourrait dire qu'elle est un peu comme les anges, car elle n'a pas de genre, d'ego, etc. Quant à votre esprit, il contient les informations fournies par votre âme (vies antérieures, mission de vie, etc.), ainsi que toutes les expériences que vous avez faites sur terre depuis votre conception.

Fait intéressant, même lorsque vous êtes incarné, il y a des chances que vous remplissiez la fonction de guide spirituel pour les autres depuis l'Éther, que vous enseigniez ou que vous ayez une mission importante pour l'humanité ou autres. Votre conscience supérieure, même si vous n'y avez pas accès consciemment, reste toujours active et remplit d'autres missions tout en faisant aussi l'expérience terrestre. Un bon moyen d'obtenir plus d'informations sur cette partie de vous consiste à travailler sur vos rêves ou à pratiquer la médiation de type voyage chamanique. Cette méthode, qui vous fait voyager dans d'autres dimensions, vous aidera à entrer en communication avec votre âme qui vous montrera d'autres aspects, d'autres parties de votre être.

Pourquoi existe-t-il tant de confusion entre les différents acteurs du monde subtil ?

Une grande confusion existe entre les guides spirituels, les anges, les anges gardiens, les archanges, les êtres de lumière, les défunts, les animaux totems, les animaux spirituels, l'âme, etc. Pourtant, les êtres de l'autre côté du voile n'ont pas tous la même fonction, les mêmes objectifs, la même vibration.

Cela ne vous viendrait pas à l'idée de vous adresser à votre cœur pour lui rappeler son rôle, à savoir vous aider à respirer, alors que sa fonction consiste à faire circuler le sang dans votre corps.

Le cas est quasiment identique concernant les énergies qui nous aident depuis le monde de l'Éther. Chacune a sa fonction propre et appartient à une fréquence énergétique particulière.

Alors pourquoi y a-t-il autant de confusion ? Pourquoi les explications sont-elles différentes venant des personnes relayant les informations en provenance du monde non perceptible ?

Il y a plusieurs raisons à cela :

1. La première, c'est que nous avons tous des croyances en provenance de notre famille, de la société, de notre culture, etc. Elles orientent notre façon de penser, d'interpréter et de présenter les choses.
2. La deuxième raison, c'est que nous traduisons d'un monde à un autre, et la communication n'est pas toujours aussi limpide que lorsque nous lisons les mots couchés dans ce livre. Déjà, suite à la lecture de ce livre, vous ne retiendrez que 10 % tout au mieux de ce qui est écrit, d'après le cône d'apprentissage d'Edgar Dale[1], imaginez la récupération d'informations télépathiques qui est traduite via nos cinq sens... De plus, souvent nous manquons de vocabulaire pour tout traduire correctement.
3. L'autre raison est en lien avec cette volonté de s'adapter aux croyances de la conscience collective. Il est plus facile pour les individus d'intégrer et d'assimiler de nouvelles informations

1. Le cône d'apprentissage d'Edgar Dale est une théorie expliquant les différentes étapes de l'apprentissage.

si le concept ressemble déjà à une notion qu'ils connaissent et comprennent.

4. Et pour finir, certaines personnes reçoivent des messages sans vraiment comprendre le processus ou sans savoir avec qui elles sont en communication. Toutefois, notez que ces personnes savent qu'elles reçoivent des messages d'êtres bienveillants. Leur mission n'est pas d'expliquer ni de comprendre qui est qui, mais de transmettre des messages importants.

Ce qu'il faut retenir, c'est que savoir qui a dit quoi importe peu. Ce qui est capital, c'est le message en lui-même, sa teneur et sa portée. Si le message provoque en vous un mal-être, soyez toujours attentif et n'oubliez pas que vous avez votre libre arbitre.

Suite à ce que je viens de vous expliquer, vous pourrez me poser les questions suivantes : Si nous nous adressons au mauvais interlocuteur, nos demandes ne sont-elles pas prises en compte ? Est-ce important de les distinguer ?

La bonne nouvelle est que vous n'avez pas vraiment besoin de savoir qui intervient ou à qui parler.

Si vous vous trompez d'interlocuteur, cela n'a vraiment pas d'importance. Celui qui peut vous aider sera présent à vos côtés instantanément. Ce que vous vibrez va attirer automatiquement les êtres subtils dont vous avez besoin, une fois que vous en faites la demande. Et peu importe la manière dont vous les percevez, le principal est que vous soyez en accord avec ce que vous dicte votre cœur. Comme je vous l'ai indiqué, les lois de l'univers sont mathématiques, il n'y a pas d'erreur possible, tout est calculé à partir de votre fréquence vibratoire.

Les anges me demandent de vous dire de ne pas vous laisser impressionner ni perturber par toutes les dénominations.

Bienvenue dans le monde des anges !

Les anges sont ce que j'appelle des êtres de lumière sans ego. Ils n'ont point de forme physique, aucune polarité, aucun genre. Néanmoins, ils sont toujours représentés comme étant masculins dans la Bible. Nos langages ayant leurs propres limites et les personnes ayant contrôlé le monde étant de sexe masculin, le pronom « il » a pris le dessus, cela ne signifie en rien que les anges ont un genre.

Ils ont des rôles spécifiques en tant que messagers du Divin. Ils ont la capacité de démultiplier leur énergie et d'intervenir en plusieurs endroits dans le même temps. Lorsqu'ils se présentent sous leur forme la plus pure, ils apparaissent comme des points lumineux blancs, rappelant une étoile à portée de main.

Vous me direz sûrement, s'ils n'ont pas de genre et que notre langage a ses limites, cela peut se comprendre ; mais dans ce cas, pourquoi les anges et les archanges sont-ils représentés ou perçus comme des humains, les uns de sexe masculin et d'autres de sexe féminin ? Et pourquoi sont-ils vus avec des ailes ?

C'est tout simplement une interprétation de notre cerveau. Dans une recherche de sens à ce qu'il perçoit, notre cerveau va établir des associations et traduire ce qu'il perçoit avec ce qu'il connaît déjà. Si l'on prend l'exemple des illustrations 2.a et 2.b, vous allez voir un triangle et un trident, alors que ce n'est point le cas. C'est ce qui se rapproche le plus de ce que vous connaissez.

Il en est de même pour les êtres de lumière : la perception de leur énergie va nous amener à interpréter leur apparence en fonction de ce que nous connaissons et de ce qui nous rassure. Sans compter le fait qu'ils peuvent également apparaître en projetant l'image qui s'aligne avec nos croyances. Ce qui peut créer encore plus de confusion dans nos esprits.

Triangle de Penrose

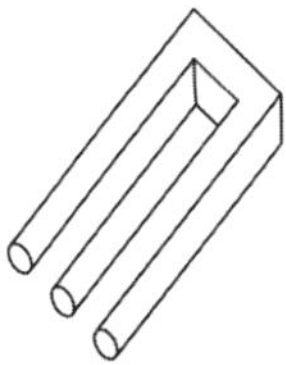

Trident à deux dents

Si vous cachez la partie basse, vous verrez une arche ; et si vous cachez la partie haute, vous verrez trois cylindres.

Il y a une quantité de niveaux angéliques dans le monde de l'Éther. Ici, je m'attarderai seulement sur ceux qui entrent en communication avec nous sur terre : tout d'abord, les archanges supervisent et gèrent une profusion d'anges et d'humains ; ensuite, les anges s'occupent d'un grand nombre d'êtres humains ; et pour finir, les anges gardiens, quant à eux, veillent sur un individu à la fois.

Où se trouvent les anges ?

Les anges sont tout autour de vous et présents à tout moment. Ils sont dans des dimensions plus élevées que la nôtre. Pour comprendre où ils se situent et pourquoi nous ne les percevons pas en général, il faut comprendre que l'univers est composé de plusieurs dimensions qui s'emboîtent les unes dans les autres un peu comme les poupées russes. Les êtres dans les dimensions plus élevées sont capables de capter, en plus de la leur, toutes les dimensions qui sont au-dessous d'eux.

Pour illustrer ce phénomène par un exemple, les êtres se trouvant dans la cinquième dimension captent avec une grande aisance notre troisième dimension. Pour entrer en communication avec eux, nous disposons de plusieurs options. Tout d'abord, nous pouvons les voir avec nos yeux physiques s'ils baissent leur fréquence (dans ce cas vous allez voir un ectoplasme – ce que l'on appelle plus communément un fantôme). Dans la deuxième option, c'est nous qui devrons augmenter notre vibration pour les percevoir depuis leur dimension, s'il nous est possible de le faire. Dans ce cas, en réalité, nous avons accès à une autre partie de notre conscience. Dans la dernière hypothèse, ils baissent leur vibration et nous augmentons la nôtre. Dans ce cas, cela donnerait une rencontre dans la quatrième dimension.

Je tiens à préciser, pour qu'il n'y ait pas de confusion, que ce n'est pas du 50/50 comme dans l'exemple. Bien souvent, lorsque nous allons à la rencontre des anges dans d'autres dimensions, ils ont fait 70 % du parcours. Nous ne pouvons aller que jusqu'à un certain niveau de fréquence puisque nous sommes liés à un corps physique. L'accès aux différentes dimensions dépendra de chaque individu et de son évolution spirituelle dans notre réalité terrestre.

Les anges sont à un niveau énergétique qui les place dans la dimension 21 par rapport à la nôtre. Lorsque je leur demande combien de dimensions existent, ils me répondent qu'il y en a 126. Chaque dimension est une réalité représentant un niveau de conscience et un rang de fréquences énergétiques. Ils ne sont pas figés à cette dimension ni à celles en dessous. Ce chiffre est à titre indicatif, pour permettre une meilleure compréhension. Ne restez en rien attaché à celui-ci.

En ce qui nous concerne, en tant qu'êtres humains expérimentant la troisième dimension, nous pouvons avoir accès jusqu'à la douzième dimension (à ce jour, où je rédige ce livre car, au fil des années, avec l'ascension planétaire, l'accès est passé de 7 à 12 en moins de vingt ans) en alternant notre niveau de conscience, et bien au-delà de la douzième pour de rares individus actuellement incarnés sur terre. Depuis fin 2012, notre belle planète bleue et tous ses habitants ascensionnent beaucoup plus rapidement. C'est ce que l'on nomme dans le milieu spirituel « l'ascension planétaire ». L'ascension planétaire est le déplacement de conscience d'une réalité à une autre. C'est pour cela qu'un grand nombre de personnes, même les plus cartésiennes, s'éveillent et prennent conscience que nous ne sommes pas de simples corps mortels et qu'il existe tout un monde non tangible à nos cinq sens physiques. Puisqu'une réalité est une dimension, ce que nous entreprenons est un changement dimensionnel. Qu'est-ce que cela signifie concrètement ? De plus en plus de personnes expérimentent des phénomènes dit paranormaux et comprennent que ces phénomènes ne sont pas si anormaux. Ils se rappellent de plus en plus qui ils sont réellement.

Si vous voulez être constamment en contact avec eux, les percevoir, les entendre et ressentir avec aisance leur présence, il vous sera nécessaire d'augmenter votre taux vibratoire afin d'être alternativement dans une dimension supérieure à la nôtre. Dans le chapitre 4, page 123, je vous aide à augmenter votre vibration et à voyager virtuellement dans une dimension supérieure.

Leur mission : nous aider

Y a-t-il des choses que vous adorez faire, sans savoir ? Quoi qu'il arrive c'est plus fort que vous, vous devez le faire. Imaginons par exemple que vous adorez chanter pour les autres, que votre voix est sublime et que les autres prennent plaisir à vous écouter. Imaginons toujours que quelqu'un vienne vous interviewer, vous demande pourquoi vous aimez autant chanter et pourquoi votre voix est si magnifique. Il y a fort à parier que vous serez dans l'incapacité de livrer des explications. Vous allez dire que c'est inné, que chanter pour les autres sans aucun motif rationnel résonne juste pour vous. C'est un peu semblable concernant les anges et les archanges, cela fait partie d'eux intrinsèquement. Ils sont dans l'incapacité de vous exprimer les causes de leur action. Ils ressentent très fort en eux que c'est ce qu'il est juste de faire... Nous aider.

Votre réussite dépend de l'aide du monde invisible, que vous soyez en relation ou non avec eux. Sans leur inspiration, nous n'irions pas bien loin... Les anges vous connaissent bien mieux que vous ne vous connaissez vous-même. Il n'y a pas d'explications rationnelles à ce désir de vouloir nous aider, ils ont été conçus de la sorte. Seul le Divin pourrait nous expliquer son dessein et la raison de cette création, s'il y en a une. Il est fortement possible qu'il n'y en ait aucune, et que les choses sont ainsi parce qu'elles sont ainsi. Notre seul travail consiste à l'accepter.

Le rôle des anges

Ces êtres éternels baignant dans la perfection possèdent de grands pouvoirs, ils peuvent se matérialiser à plusieurs endroits dans le même temps pour nous aider. Ils se déplacent à la vitesse de la pensée, tout comme les archanges, les maîtres ascensionnés et les êtres de haute vibration. Ils n'ont pas la toute-puissance des archanges qui peuvent aider l'humanité tout entière en même temps, cependant ils ont la possibilité d'aider des centaines, voire des milliers de personnes dans le même instant. Lorsque vous les voyez apparaître sous la forme de lumière, ils ne montrent jamais leur toute-puissance car nos yeux sont dans l'incapacité de gérer une telle énergie.

Pour votre information, certaines personnes ont la capacité de canaliser leur énergie (ou celle des archanges) dans leur corps physique, pour prodiguer des soins à autrui par exemple. C'est quelque chose qui peut s'apprendre. Néanmoins, si vous n'avez pas d'expériences dans ce domaine, je ne vous recommande pas de le faire seul les premières fois. Par ailleurs, votre corps doit être préparé à recevoir une telle forme d'énergie. La première fois que j'ai canalisé l'énergie d'un archange, je me suis évanouie car la charge énergétique reçue était bien trop puissante pour mon corps qui n'était pas prêt. Heureusement, je n'étais pas seule et les deux personnes présentes (avec moi) étaient elles-mêmes énergéticiennes.

Les anges aiment inconditionnellement, c'est-à-dire qu'ils n'attendent rien de nous. Ils nous aiment pour qui nous sommes et ne se lassent jamais de nous aider à évoluer. Ils ne connaissent qu'une émotion, celle de l'amour et toutes ses déclinaisons de sentiments. Les anges sont d'une compassion et d'une patience sans pareilles.

Les fonctions communes à tous les anges sont de nous protéger, prier pour notre évolution, nous guider et nous orienter, nous consoler, nous rappeler que nous faisons partie du Divin et que nous sommes avant tout des êtres spirituels vivant une expérience matérielle.

Il y a des anges polyvalents, aptes à répondre à n'importe quelle mission, et des anges avec des fonctions plus spécifiques. Par exemple les muses, qui sont des anges, aspirent à faire avancer les arts, l'art étant une nourriture importante pour l'âme. Autre exemple, il y a des anges qui ont pour fonction de vous aider à vous détendre, je les appelle les anges farceurs. Souvent, leurs farces sont très irritantes... Cependant, ils ont pour but de nous ramener dans le présent et de nous apprendre à accepter ce sur quoi nous n'avons point le contrôle.

Les anges interviennent dans le but de vous faire évoluer sur le plan spirituel. Par exemple, ils ne vont pas vous aider à reconquérir votre ex conjoint ou à gagner à la loterie. Ils vont intervenir pour que vous appreniez à vous aimer ou à connaître l'essence de l'abondance.

Puisqu'ils n'ont jamais été incarnés, malgré leur niveau de compassion sans pareil, ils ne comprennent pas les difficultés que nous traversons à cause de notre ego. Par exemple, ils ne peuvent pas saisir pleinement pourquoi nous sommes dans l'attachement, ni les raisons pour lesquelles nous avons cette forte individualité qui nous fait oublier que nous sommes tous UN.

C'est pour cela que parfois, on peut éprouver une sensation de dialogue de sourds avec eux. Nous pouvons être tellement centrés sur nos problématiques matérielles, de la vie quotidienne, que nous en oublions de considérer le grand schéma divin, la perspective divine de nos expériences. Souvent, nous oublions que nos difficultés ne sont que temporaires. Alors quand ils guident vers certaines émotions, solutions qui seraient profitables pour résoudre des problématiques, nombre de personnes, qui ne comprennent pas leur façon d'opérer, rejettent les solutions que les anges peuvent leur donner, souvent par manque de foi. Me concernant, si je n'avais pas changé mon énergie comme mon ange gardien me l'avait demandé, je n'aurais pas été dans l'ouverture pour créer cette opportunité de logement. (Voir l'histoire « Soyez dans la joie » page 146)

Beaucoup de personnes recherchent le nom de leur ange avec leur date de naissance. Toutefois, cela ne fonctionne pas de la sorte. Un ange n'est pas attribué en fonction d'une date de naissance. Ce sont des énergies pures qui se reconnaissaient et nous reconnaissent en fonction de nos fréquences vibratoires et pas selon un prénom ou un nom. Vous pouvez leur donner le nom que vous voulez, ce n'est pas le nom que les anges vont entendre, mais la fréquence vibratoire de votre appel.

Ils comprennent que les humains sont très attachés à la nomination. C'est un concept important sur terre, qui permet l'identification d'une personne. Néanmoins, ils me demandent de vous dire qu'il existe d'autres formes d'identification, que nous pouvons nous aussi utiliser sur terre.

Le rôle des anges gardiens

Comme tout ange, les anges gardiens sont des êtres de lumière qui n'ont jamais été incarnés. Ils ne sont ni des guides spirituels, ni des ancêtres veillant sur vous, même si ces derniers peuvent aussi jouer un rôle protecteur ou vous aider à progresser spirituellement.

Votre ange gardien vous est assigné depuis la naissance. Souvent, il vous accompagne depuis plusieurs vies. Il est constamment avec vous, pas une seconde ne passe sans qu'il soit à vos côtés. Vous pouvez le considérer comme votre meilleur ami. Pour sûr, il l'est. Vous pouvez avoir une confiance aveugle en lui. Avec votre ange gardien, vous ne connaîtrez point la trahison, la solitude, le rejet, le jugement, l'abandon, l'humiliation ni l'injustice. Excepté le Divin, c'est l'être céleste qui vous connaît le mieux. Il vous accompagne à chaque instant de votre vie, que vous croyiez en lui ou non, que vous ayez conscience ou non de ses actions bienfaitrices envers vous. Peu importe ce que vous faites, il est et sera toujours présent pour vous.

Bien évidemment, les anges gardiens n'ont pas d'ego, ils nous aiment de façon totalement inconditionnelle et ne nous tourneront jamais le dos, même si nous ne montrons aucune gratitude pour leurs actions. Néanmoins, ce n'est pas une raison pour ne pas éprouver de reconnaissance pour tout ce que votre ange gardien accomplit pour vous.

La fonction première des anges gardiens, comme leur nom l'indique, est de nous protéger. Ils s'assurent que notre corps physique et que nos corps éthériques soient protégés de tout danger. Suite à une telle déclaration, surgissent souvent les questions suivantes : pourquoi certains rencontrent-ils des accidents et deviennent handicapés ? Pourquoi en cas de catastrophe naturelle ou de terrorisme, les personnes ne sont-elles pas mieux protégées ? Pourquoi des enfants innocents meurent-ils ou se font-ils tuer ? Est-ce que certaines personnes sont mieux protégées que d'autres ? etc. La liste de questions est excessivement longue et toutes sont légitimes.

Je vais m'employer du mieux possible à vous apporter des réponses sur ces sujets.

Premièrement, il n'existe pas de règle. On ne peut pas dire : « Quand ceci arrive à quelqu'un, cela a telle signification » – à moins de lire l'énergie. Pour tout ce qui concerne l'âme et l'esprit, c'est un peu comme pour la psychologie, l'étude s'effectue au cas par cas parce que trop de paramètres entrent en jeu. Alors que pour les lois de l'univers, c'est mathématique, c'est une science totalement exacte.

En ce qui concerne la mort, nous devons tous partir, peu importe l'âge, nous sommes ici temporairement, c'est une vérité permanente. Dans notre culture occidentale, nous considérons la mort comme une catastrophe, une situation difficile à affronter, cependant c'est purement culturel, il s'agit d'une croyance et non d'une vérité. La preuve est que dans certaines anciennes cultures, les hommes célébraient la mort et pleuraient les naissances, par exemple chez le peuple Thrace. On rencontre encore de nos jours cette pratique dans certaines tribus, dont une tribu gitane du Rajasthan, en Inde. Même sans pleurer les naissances, bon nombre de peuples, à travers le monde, célèbrent la mort, les Kenga au Soudan, les Navajos (Amérindiens) pour ne citer que ceux-là.

Ensuite, chacun de nous est chargé d'une mission, un désir d'âme et il n'y a pas de règle à ce sujet, une âme peut désirer expérimenter une vie courte pour diverses raisons. Si l'heure d'une personne est venue, son ange gardien ne peut rien pour l'aider, c'est ainsi.

En ce qui concerne les accidents, cela peut être un choix de l'âme de faire cette expérience. L'accident peut être dû à une négligence de la personne. Il y a la possibilité que son ange gardien ait pu essayer de l'avertir à plusieurs reprises, mais la personne n'y était pas attentive ou s'est entêtée dans la mauvaise direction… Les raisons peuvent être multiples. Si le handicap n'a pas de conséquence sur ce que la personne doit accomplir, cela sera une expérience supplémentaire qu'il fera.

Nous sommes tous très bien protégés, il n'y a pas d'ange gardien meilleur qu'un autre. Ils sont tous parfaits et excellents dans leur fonction. La différence réside dans le fait que certaines personnes sont plus à l'écoute de leur ange gardien que d'autres. Un autre phénomène joue beaucoup dans l'équation : votre foi. Votre ange gardien ne peut pas vous obliger à avoir la foi. Une personne ayant la foi cèdera moins, voire pas du tout, à ses peurs, ce qui facilite grandement le travail de l'ange gardien.

Une autre fonction de l'ange gardien, comme celle de tous les anges, consiste à vous guider dans votre développement spirituel. Ils n'ont pas à cœur votre développement matériel. Néanmoins, les deux étant liés, ils vous aideront sur ces deux notions.

Ils ont à cœur que vous soyez toujours en sécurité, que vous ressentiez de la joie dans votre cœur, que vous restiez connecté avec votre âme, que vous remplissiez vos missions de vie et que vous restiez en bonne santé dans votre corps et votre esprit.

Une autre de leurs missions, qui nous est grandement profitable, est de nous consoler quand nous le leur demandons. Si vous souffrez d'une peine, d'un chagrin, si vous rencontrez des moments difficiles, surtout pensez à faire appel à eux.

Tout dépend de la sensibilité de chacun, toutefois, vous pouvez voir toute votre peine s'estomper instantanément. Les plus réceptifs vont se sentir remplis de joie et d'amour et vont retrouver une sérénité intérieure.

Ils sont aussi là pour vous rappeler que vous êtes des êtres divins, magiques et que vous n'êtes jamais seuls.

Maintenant que vous connaissez leurs fonctions, vous savez que vous pouvez les appeler lorsque vous avez du mal à gérer vos émotions négatives, quand vous vous sentez en danger, quand vous avez besoin d'une guidance et de savoir comment poursuivre votre évolution spirituelle ou mieux accomplir votre mission de vie.

Je vous recommande vivement de dialoguer quotidiennement avec votre ange gardien : plus vous lui parlerez, plus le lien sera fort de votre côté (puisqu'il l'est déjà du sien), ce qui vous permettra de mieux comprendre lorsqu'il communique avec vous.

Le rôle des archanges

Les archanges sont vibrants, puissants, avec une très haute fréquence vibratoire. Ils ont plus d'accès et de capacités d'action et d'intervention.

Dans notre compréhension des choses, il semblerait qu'ils « supervisent » les anges. Ce n'est pas vraiment le cas, il serait plus correct de dire qu'ils guident, encouragent des groupes d'anges et collaborent avec eux, ces groupes œuvrant dans le même domaine qu'eux.

Les archanges ont plus de responsabilités car ils annoncent les plus grands mystères. Ils ont une vibration et une fréquence bien plus élevées que celles des anges. Ils n'ont quasiment aucune restriction et ils peuvent aider des milliers de personnes dans le même temps, tellement leur énergie est élevée. Chaque archange s'occupe de certains domaines spécifiques, ils sont les chefs d'orchestre de leurs domaines. Ils sont des êtres de lumière d'autorité.

Vous me poserez sûrement la question suivante : « Puisqu'ils sont si puissants, pourquoi passer par les anges ? Pourquoi ne pas directement avoir tout le temps affaire à eux ? » Voici une analogie qui va vous aider. En tant qu'employé, si vous rencontrez une problématique, vous n'allez pas frapper en premier lieu à la porte du président-directeur général. Vous allez probablement commencer à en parler avec vos collègues ou votre manager. C'est seulement lorsqu'aucune solution n'est trouvée ou bien que le problème prend des proportions démesurées que vous allez contacter le PDG de l'entreprise. Bien souvent, ce n'est pas l'employé qui va agir mais le responsable hiérarchique. C'est un peu semblable en ce qui concerne les archanges.

Cela dit, si vous rencontrez une problématique sur un sujet spécifique, vous pouvez rechercher quel est l'archange qui s'occupe de ce genre de situations et faire appel à lui pour qu'il vous aide dans votre problématique. Est-ce lui qui interviendra directement ? Pas nécessairement, il se chargera de vous envoyer l'aide la plus propice.

Quand les archanges m'apparaissent, ils ont une couleur spécifique, c'est ce que j'appelle leur rayonnement. Parfois, ils apparaissent avec une couleur différente, inhabituelle. Cependant, instinctivement, je sais de quel archange il s'agit. Je ne leur avais jamais demandé la raison de cette variation, jusqu'au jour où Jésus m'est apparu totalement différent de d'habitude, pour la première fois. Il avait un rayonnement de couleur dorée. À partir de cette expérience, j'ai compris qu'en fonction de la vibration qu'ils ont besoin de transmettre, la couleur de leur rayonnement peut changer, mais leur fréquence est toujours la même, vous ne pouvez pas vous tromper.

Il faut savoir que les couleurs que je vois n'existent pas toujours dans le spectre de couleurs que nous connaissons. J'ai donc utilisé la nomination la plus proche. Si, à votre tour, vous voyez des couleurs que vous ne pouvez nommer, (inexistantes sur notre terre,) sachez que cela est parfaitement normal, ne vous limitez pas à ce que vous connaissez.

Nous verrons ici les vertus de dix archanges, cela vous aidera à vous familiariser avec leur spécificité. Ainsi, vous saurez pour quoi les invoquer.

Les principaux archanges et leurs fonctions

L'archange Ariel, dont le nom signifie « Lion de Dieu », a un rayonnement de couleur rose pâle. Il intervient pour tout ce qui concerne la nature, les animaux et les esprits de la nature. Si vous êtes écologiste, environnementaliste ou si vous participez à la défense des droits de la nature et des animaux, il y a fort à parier que, souvent, l'archange Ariel ou sa cohorte d'anges soient à vos côtés. Il va vous aider à matérialiser dans la matière.

L'archange Azraël, dont le nom signifie « aide », est le plus souvent connu sous le nom de « l'ange de la mort ». Il a un rayonnement violet sombre. Il aide les personnes en deuil. L'archange Azraël accompagne les âmes lors de leur transition et apporte consolation et réconfort durant cette période. Il se trouve souvent auprès des professionnels aidant les personnes endeuillées.

L'archange Chamuel (ou Samuel), dont le nom signifie « celui qui voit Dieu », a un rayonnement jaune/beige parfois vert d'eau ou d'un bleu ciel très pâle. Il répand l'amour inconditionnel dans les cœurs et aide à atteindre un état d'esprit de paix, tant sur plan personnel que dans les relations avec le monde extérieur. Il vous conduit vers le pardon de soi et des autres. Cet archange aide à trouver ce que l'on cherche. Vous pouvez faire appel à lui lorsque vous traversez des moments difficiles dans votre vie, lorsque vous cherchez l'âme sœur, ou que vous avez besoin de guérir votre cœur meurtri suite à une relation malheureuse.

L'archange Gabriel, dont le nom signifie « Dieu est ma Force » ou « Héros de Dieu », a un rayonnement orange irisé, cuivre. Il est l'archange qui a annoncé à la Vierge Marie qu'elle serait enceinte de Jésus. Il travaille étroitement avec Elle d'ailleurs, surtout quand cela touche les enfants (éducation, conception, etc.). Il va souvent annoncer un futur événement. Il aide à devenir un meilleur communicant et guide pour exprimer correctement les choses. Il intervient auprès des personnes qui sont des messagers et des éducateurs (enseignants, écrivains, artistes, conférenciers, etc.). Cet archange aide dans ce qui a trait à la fonction de parent, ainsi qu'à la conception, l'adoption et la naissance. Il est essentiellement responsable pour tout ce qui concerne la protection des enfants ainsi que leur évolution et leur éducation.

L'archange Jophiel, dont le nom signifie « beauté de Dieu », a un rayonnement blanc irisé, parfois fuchsia très lumineux et dense. Lorsque je préparais mon oracle des anges, il m'a montré que la fleur de lys est son emblème. Cet archange magnifie tout ce qui est, il aide à voir la beauté en toute chose. Il vous aide à tomber amoureux de la vie. Il apporte de la beauté dans les pensées, les émotions et tout ce qui est dans la matière. C'est un archange qui accompagne souvent les artistes. D'ailleurs, beaucoup de ses anges assistants jouent le rôle de muse auprès d'écrivains, de peintres et d'artistes en tout genre.

L'archange Michael (ou Michel), dont le nom signifie « qui est comme Dieu », est souvent appelé Saint-Michel. Il est l'un des sept archanges majeurs des religions abrahamiques (le christianisme, le judaïsme et l'islam). Il a un rayonnement de couleur bleu roi, parfois violet profond très lumineux. C'est l'archange de la justice. Il protège et permet de se sentir en sécurité et guidé sur le chemin de vie. Si vous avez besoin de réparer tout ce qui est électronique et mécanique, vous pouvez faire appel à lui. Cet archange vous donne de la force et du courage dans tout ce que vous entreprenez. Si vous voulez couper les liens nocifs avec certaines personnes ou situations, il est votre meilleur allié.

L'archange Métatron : la signification de son nom n'est pas très claire, il pourrait signifier « l'assistant du trône » ou « le mesureur ». Son rayonnement est particulier, il peut apparaître comme une lumière blanche très vive avec des rayons, faisant penser à notre représentation du soleil. Quand il apparaît ainsi, la forme est très prononcée et bien définie ; cela m'a réellement marquée car c'est le seul que j'aie vu avec une telle définition. Aussi, il peut apparaître comme un spectrum lumineux entouré d'une vive lumière blanche ou, d'autres fois, il a un halo d'un bleu profond. Cet archange est particulier car, avec l'archange Sandalphon (son frère jumeau), il est le seul archange ayant connu la vie dans un corps humain. Il est un excellent médiateur entre les humains et le Divin grâce à une compréhension plus profonde de notre condition. Il utilise la Merkabah pour nettoyer les énergies de basses fréquences. Si vous souhaitez évoluer spirituellement, c'est l'archange qui va vous aider dans ce sens. Si vous avez tendance à être logique et à ne pas comprendre avec facilité tout ce qui est en lien avec le monde subtil, il est l'archange qui vous aidera.

L'archange Raphaël, dont le nom signifie « Dieu guérit », a un rayonnement d'un vert émeraude très lumineux. Il s'occupe de tout ce qui est en lien avec la guérison. Lors de guerres ou de catastrophes telles que les attentats contre le Wall Trade Center par exemple, l'archange Raphaël et ses anges assistants, ainsi que les anges gardiens des personnes concernées sont très actifs et présents. Il aide à la guérison physique, psychique et spirituelle des personnes, des animaux et de la nature, et ce de façon personnelle et globale. Il est souvent en étroite relation avec les professionnels de toutes formes de médecines (traditionnelle et holistique). Si vous travaillez dans ce milieu, n'hésitez surtout pas à faire appel à lui.

L'archange Sandalphon, dont le rayonnement est comme un bleu turquoise. Son nom ne revêt pas de signification particulière. Comme vous avez pu le lire dans le passage sur l'archange Métatron, Sandalphon était son frère jumeau sur terre. Il a pour mission de relayer nos prières au Divin afin que celles-ci soient exaucées. Il nous aide à manifester nos rêves et nos désirs d'âme et à traiter nos émotions de manière saine. Il nous apprend à être responsables de nos actions, pensées et émotions. Il est l'archange qui gouverne la conception, la grossesse, la naissance et la parentalité.

L'archange Sandalphon dirige la musique du ciel et en tant que tel, il est l'ange à invoquer pour tout ce qui concerne la musique ou les arts du spectacle. Lorsque, brusquement, une chanson vous vient en tête ou que vous entendez, par un biais quelconque, une musique spécifique répondant à vos interrogations, vous pouvez être sûr que l'Archange Sandalphon ou ses anges assistants sont auprès de vous.

L'archange Uriel, dont le nom signifie « La lumière de Dieu », a un rayonnement doré qui tire parfois vers le jaune ambre. Il est vraiment très facile d'accès, je ressens souvent sa présence auprès de moi et des autres. Il est très présent. Il apporte de la lumière dans nos vies. Cet archange aide à voir le positif en toutes choses, même dans les situations qui paraissent complètement désespérées. Il va vous aider à retrouver le calme et la sérénité, ainsi qu'à faire la paix avec les erreurs du passé. Il aide à aller de l'avant, peu importe ce que vous avez traversé. Il va vous guider à rester concentré dans la réalisation concrète de vos objectifs et de vos rêves.

Questions-réponses sur le monde angélique

Tout le monde est-il en mesure de se connecter avec les anges et archanges ?

C'est une question légitime que nous pouvons tous nous poser. Il est vrai qu'il est plus facile pour certaines personnes que pour d'autres de se connecter avec les anges. Est-ce que cela signifie pour autant que cette connexion / expérience est réservée à une certaine catégorie de personne ?

Je vous dirais que le processus est identique à celui de toutes les autres disciplines. Par exemple, ce n'est pas parce que l'on ne comprend pas les mathématiques que l'on ne les comprendra jamais. Ce sont tout simplement des croyances limitantes que l'on peut avoir vis-à-vis de soi et/ou du sujet. Certes, pour certains, cela requiert beaucoup plus d'efforts que pour d'autres. Néanmoins, c'est totalement possible, pour tout le monde. Avoir une relation avec votre ange gardien, votre âme et vos guides spirituels est votre droit de naissance. Peut-être que pour certains d'entre vous cela demandera plus de patience, cependant tout le monde peut y arriver.

Les anges sont accessibles à toutes les personnes fournissant l'effort de s'ouvrir à leur message. Cela nécessite du lâcher-prise, de l'ouverture d'esprit, du travail sur soi pour augmenter son taux vibratoire afin de faciliter la communication, une sincérité dans le fait de vouloir communiquer avec eux et travailler sur ses peurs qui constituent souvent un frein à la communication.

Vous n'avez pas à vous tracasser, car il n'y a rien de plus simple au monde que de communiquer avec les êtres qui se trouvent de l'autre côté du voile. La plus grande difficulté que vous pouvez rencontrer, éventuellement, réside dans le dépassement de vos blocages (croyances limitantes, besoin de contrôler, peurs, doutes, etc.).

Même si vous ne les percevez pas, ils sont toujours là dans votre champ énergétique et ils agissent du mieux possible pour votre bien-être.

Comment les anges se manifestent-ils dans notre réalité ?

Les anges et les archanges ont la possibilité de se manifester dans votre vie sous n'importe quelle forme, en fonction de vos besoins et de vos croyances. Ils peuvent prendre la forme humaine ou animale, modifier la matière selon les besoins et les circonstances. Vous pouvez les entendre sans les voir. Ils influencent les personnes dans le but de les aider. Ils communiquent télépathiquement avec vous, vous envoient des signes ou apparaissent dans une forme en lien avec vos propres croyances.

Dans la conscience collective, les anges et les archanges ont des ailes, si bien qu'ils auront tendance à prendre cette forme si telle est la croyance de la personne à laquelle ils se présentent. Ils s'aligneront le plus possible sur vos croyances afin que vous puissiez les reconnaître et surtout afin que vous ne soyez pas effrayé.

Plus vous êtes ouvert et plus ils se présenteront à vous dans leur forme la plus pure.

En tant qu'êtres humains, nous sommes très attachés à cette forme physique que nous avons. Par ailleurs, n'est-il pas écrit dans la Bible que nous sommes à l'image du Créateur ? Cependant, l'image du Créateur n'est pas notre apparence humaine, comme beaucoup peuvent le penser. Effectivement, nous sommes à l'image du Divin qui est de l'Énergie pure, forme que nous reprenons progressivement après notre désincarnation.

Vous l'aurez compris, les anges et les archanges sont de l'énergie pure, des êtres de lumière. Quand je les vois, ils sont comme des boules d'énergie. Bien sûr, ils ne montrent qu'une toute petite étincelle de ce qu'ils sont parce que nos yeux ne sont pas capables de voir leur puissance entière.

Quand je les vois depuis d'autres dimensions, la matière telle qu'on la connaît n'existant pas, le temps et l'espace n'existent pas non plus. Il s'agit plutôt d'une reconnaissance des différentes fréquences que nous sommes. La communication est purement télépathique et instantanée.

Quels sont les moyens à notre disposition pour entrer en contact avec les anges ?

Il est très facile de s'adresser aux anges. Ils communiquent avec nous télépathiquement, c'est pour cette raison qu'il vous suffit simplement d'avoir une pensée, de les appeler dans votre tête pour qu'ils interviennent en votre faveur. Bien souvent, vous n'êtes pas allé au bout de votre pensée qu'ils sont déjà passés à l'action.

Si vous êtes à l'aise avec l'idée de la télépathie, vous n'avez besoin de rien d'autre. Malheureusement, avec l'ego, ce n'est pas aussi simple. Notre ego a du mal à comprendre pourquoi des instances aussi hautes entreraient en communication avec nous avec autant de facilité et de simplicité. C'est pourquoi, pratiquer des rituels, parler à haute voix, leur écrire peuvent s'avérer nécessaires. Cela, non pour eux, car ils reçoivent notre message dès la première pensée, mais pour nous. En effectuant un rituel, en écrivant ou en parlant à haute voix, vous aurez l'illusion d'augmenter votre foi et de ce fait, vous vous ouvrirez à recevoir des messages de leur part.

Pourquoi (dis-je) « vous aurez l'illusion » ? Tout simplement parce que vous n'en avez pas besoin dans l'absolu pour avoir la foi. Cependant, l'ego peut constituer un frein dans de nombreux cas, alors dans l'attente d'un détachement par rapport à ce besoin de rituel, il est préférable de pratiquer tout en apprenant le détachement. Pour utiliser une analogie, c'est comme lorsqu'une mère allaite son enfant : elle ne va pas cesser du jour au lendemain l'allaitement, une progression dans le processus est nécessaire, c'est ce que l'on appelle le sevrage.

Cette période transitoire aide à accepter les changements et à intégrer de nouvelles croyances et une nouvelle façon de procéder.

Un élément essentiel à comprendre lorsque l'on s'adresse aux anges, et ceci est valable également pour vos guides spirituels : votre intention doit être pure et le désir sincère. Si tel est le cas, vous pouvez être sûr que vous les verrez agir en votre faveur et pour le plus grand bien de toutes les personnes concernées par votre demande.

Voici quelques rituels qui peuvent vous aider à renforcer votre foi, ce sont des tuteurs, il est préférable qu'ils soient temporaires ou que vous soyez en mesure de vous en passer quand bon vous semble.

La communication télépathique

Ce qui suit est une technique qui n'est pas un rituel, mais la manière la plus naturelle de parler avec vos guides spirituels, les anges et les archanges. Parlez mentalement et avec votre cœur. Ici, la sincérité est de mise. Agissez comme vous le feriez avec la personne en qui vous avez le plus confiance.

Sachez que vous ne pouvez rien cacher aux anges ni aux archanges, il n'y a donc aucun intérêt à enjoliver la situation, à mentir ni à vouloir cacher quoi que ce soit. Il n'y a rien qu'ils ne puissent lire de votre énergie. Alors autant jouer cartes sur table.

D'ailleurs, comme je vous l'ai dit précédemment, bien souvent, vous ne serez pas au bout de votre pensée qu'ils auront déjà mis en place des actions pour votre bien-être. Vous pouvez leur parler comme vous parleriez à votre meilleur(e) ami(e). Parlez-leur de tout ce qui vous préoccupe. Privilégiez des demandes en lien avec votre évolution spirituelle ou personnelle. Par exemple : « Qu'est-ce que je dois comprendre ou apprendre de cette situation ? », « Comment être plus à l'écoute de mon cœur/mon âme ? » ou encore « Comment développer ma compréhension de l'abondance à tous les niveaux ? »

Tenir un journal

Je vous recommande de tenir un journal (ou un petit carnet de poche) de communication avec votre ange gardien.

Vous pourrez y noter tout ce que vous avez à lui dire : vos demandes, vos gratitudes, vos questionnements, etc. Ainsi que tout ce que vous mettez en œuvre pour améliorer la communication entre vous et votre ange gardien. N'oubliez pas d'y ajouter toutes les réponses que vous avez pu recevoir de sa part. Le bonus de cette méthode, c'est qu'elle aide grandement à voir combien vous avez progressé au fil des mois, en plus d'avoir un aide-mémoire efficace et exact. Aussi, dans les périodes de doutes, c'est un très bon moyen de vous souvenir de tout ce que vous avez accompli en travaillant avec votre ange gardien.

Faire une prière

Voici une prière générale pour invoquer un ange ou un archange.

[Citez le nom de l'archange ou appelez votre ange gardien], me voici [dire votre nom complet] présent(e) ici avec le cœur ouvert et empli de gratitude pour ton intervention et ton aide pour la situation suivante… [décrire la situation]. C'est mon plus grand désir de comprendre et de grandir tant spirituellement que dans la matière, c'est pour cela que je suis très reconnaissant(e) pour le chemin qui me sera montré.

Je sais que je suis bien entouré(e), aimé(e) profondément et que toutes mes prières trouvent toujours réponse. [Citez le nom de l'archange ou appelez votre ange gardien], merci de m'ouvrir encore plus le cœur afin que je voie, que j'entende et que je comprenne toutes les réponses qui me sont accordées.

Je sais que ma situation est déjà résolue. Je ressens une profonde gratitude pour ton intervention [Citez le nom de l'archange ou de l'ange gardien].

Merci, Merci, Merci.

Ainsi soit-il.

Pratiquer des techniques comme la méditation ou la visualisation

Vous trouverez un exemple de méditation page 125.

En ce qui concerne la visualisation, prenez le temps de vous centrer en ramenant votre conscience dans l'ici et maintenant. Puis, placez votre conscience sur votre troisième œil (entre les sourcils) ou sur votre glande pinéale (légèrement derrière vos oreilles, au centre de votre cerveau). Vous pouvez appuyer sur le point entre vos sourcils pour vous aider à y placer votre conscience.

Visualisez ensuite un lieu que vous aimez ou un lieu imaginaire dans lequel vous vous sentez en sécurité. Ensuite, demandez aux anges de vous entourer. Restez ouvert et évitez de faire des projections – en général, on en fait lorsque l'on essaie de voir quelque chose de particulier, de le contrôler. Laissez venir les images qui veulent venir et ne soyez pas dans la critique ni dans le jugement, mais accueillez ce qui vous est offert dans l'instant présent.

De plus ne soyez pas figé dans l'action de voir, mais restez ouvert à tous vos sens et prêtez attention à tout ce qui se passe dans votre corps ou autour de celui-ci.

Parler à haute voix

Parfois, il peut arriver qu'on ait besoin de parler à haute voix pour avoir les idées plus claires, pour que les choses aient un sens dans notre esprit. Certaines personnes ont la sensation d'être mieux entendues quand elles parlent à leurs guides ou aux anges à haute voix. Il peut être très agréable de parler à haute voix aux anges quand on est seul(e), dans la nature ou chez soi. De cette façon, l'ego a non seulement l'impression d'être plus entendu, mais il associe cette situation à une conversation qu'il aurait avec un ami de confiance.

S'ouvrir au monde des rêves

Avant d'aller vous coucher, prenez une feuille de papier (ou votre journal) et un stylo que vous placerez près de vous. Ces objets doivent être vraiment à portée de main (et faciles d'accès) lorsque vous vous réveillez. Prenez un grand verre d'eau que vous allez aussi placer près de vous.

Avant de vous endormir, demandez aux anges de vous protéger durant la nuit et de venir vous rendre visite dans vos rêves en vous laissant un souvenir clair de votre communication. Avant de vous endormir, buvez la moitié du verre d'eau, ce qui représente le fait que vous choisissez de parcourir la moitié du chemin vers eux. Puis, laissez l'autre moitié sur votre table de chevet. Dès votre réveil, prenez note de ce dont vous vous souvenez. Vous pouvez boire le reste de l'eau au réveil ou vous en débarrasser.

Si cela ne marche pas la première fois, ne pensez pas que c'est parce que ce rituel n'est pas pour vous. Il faut du temps pour bâtir ou approfondir une nouvelle méthode.

Comment faire une demande aux anges et rétablir le lien avec eux ?

En 2018, lorsque j'ai reçu une demande pour dispenser un enseignement au sujet des anges, j'étais choquée, avec cette sensation de ne pas en savoir suffisamment à leur sujet et surtout de ne pas être la bonne personne pour parler d'eux. Je me sentais très à l'aise à l'idée de parler des guides spirituels, d'ailleurs, j'ai demandé à la personne si elle ne préférait pas que je parle des guides plutôt que des anges. Bien sûr, la réponse fut négative. Alors, j'ai pris mon courage à deux mains et j'ai demandé aux anges, « pourquoi ? » Ils m'ont répondu que j'avais une relation très spéciale avec eux depuis ma tendre enfance et que j'en savais beaucoup plus que je ne pensais à leur sujet. De plus, ils m'ont rappelé que je n'étais pas seule et que je n'avais pas à trouver toutes les réponses, qu'ils étaient là pour cela. Ils ont ajouté que ces derniers temps, je ne me connectais pas suffisamment avec eux et que j'étais trop concentrée sur « je peux tout gérer toute seule ».

Si je vous fais ce récit, c'est pour vous montrer qu'ils veulent faire partie de notre vie au quotidien, instant après instant, ils sont dans l'attente de nos demandes. Peu importe le type de demande. Il peut s'agir d'une demande de réconfort, d'une guidance, d'un soin, etc.

Je vous raconte cette histoire aussi pour vous montrer comment notre ego peut prendre le dessus si nous ne sommes pas vigilants à tous les instants. Ils avaient raison, pendant quelques mois, la majorité du temps, je les avais mis de côté car j'avais tellement à gérer... au lieu d'agir selon mon habitude et de travailler avec mon équipe de lumière, je m'étais entêtée à vouloir tout contrôler. Ils ont trouvé un excellent moyen de me rappeler à l'ordre, enseigner à leur sujet.

Pourquoi ne demande-t-on pas plus souvent de l'aide aux anges ?

Il y a plusieurs raisons à cela, comme dans mon histoire, l'ego prend le dessus. Vous êtes plus dans l'action et le contrôle, plutôt que dans le « être » et dans le lâcher-prise. Cela représente un grand frein puisque vous êtes plus dans la matière que dans votre partie spirituelle. Toujours en lien avec l'ego, on peut ressentir une certaine fierté à penser que l'on peut tout assumer seul. Ce qui est totalement un leurre, car vous n'êtes jamais seul dans l'absolu, je vous rappelle que nous sommes tous un, même si nous vivons nos expériences séparément. Alors pourquoi vouloir assumer les choses seul ? Imaginez que vous vous trouviez sur une île déserte, tout seul, pendant 15 ans, je peux vous assurer que vous ne voudriez plus jamais assumer quoi que ce soit seul.

Une autre raison qui retient souvent les personnes est la pensée qu'elles ne sont pas assez pures, saintes, dignes pour demander de l'aide aux anges. Elles pensent souvent qu'il faut être sans tache ni péché. Ce qui est une grossière erreur, peu importe où nous en sommes de notre cheminement spirituel, nous sommes tous très importants, comme je vous l'ai expliqué au début de cet ouvrage. Les anges ne fonctionnent pas au bâton et à la carotte avec nous. Ce sont des êtres emplis d'un amour inconditionnel, ils savent que nous sommes tous ici pour expérimenter et évoluer, et ils sont là pour nous aider dans cette démarche. Il n'y a aucune raison de se sentir petit ou indigne de leur amour. Que cela vous plaise ou non, ils vous aiment et vous aimeront toujours. Vous êtes bien souvent la seule personne extrêmement dure envers vous-même, en dehors de vos pairs humains.

Enfin, ce qui pousse certaines personnes à ne pas les solliciter, c'est qu'elles pensent ne pas avoir reçu de réponses. Sachez que vous n'êtes jamais sans réponse. Ce n'est pas parce que la réponse n'arrive pas dans le temps que vous vous êtes fixé consciemment ou inconsciemment, que la réponse n'a pas la forme que vous vous êtes imaginée ou qu'elle ne correspond pas à vos espérances, que vous n'en avez pas reçu.

Il faut être ouvert à recevoir la parfaite réponse pour vous, cela demande de l'ouverture d'esprit, encore une fois de placer son ego de côté. De même, il convient de ne pas avoir d'attente particulière ni d'attachement d'aucune sorte.

Si vous aviez une relation avec eux dans le passé, que vous avez mise de côté, ne vous sentez pas coupable, vous n'avez pas à vous faire pardonner, car vous l'êtes déjà. La seule personne à qui vous devez accorder votre pardon, c'est vous-même. Ils ne connaissent pas la rancœur, le ressentiment, la colère, l'indignation. N'ayez crainte et ouvrez-vous tout simplement à recréer ou peut-être créer pour la première fois ce lien avec votre ange gardien et les anges. Ils sont les mieux placés pour vous aider et vous guider dans votre évolution spirituelle et personnelle.

Comment les anges entrent-ils en communication avec nous ?

Les anges adorent nous rappeler qu'ils sont près de nous, qu'ils attendent nos demandes pour intervenir dans notre vie.

Ils vont mettre en place tout ce qui est en leur pouvoir, pour attirer votre attention afin que vous sachiez que vous n'êtes pas seul, que vous pouvez leur demander de l'aide. Quand vous ne demandez rien, vous n'obtenez rien. Le dicton « Aide-toi et le ciel t'aidera » prend tout son sens quand il s'agit de travailler avec les êtres de lumière. On pourrait dire que cela constitue l'un des désavantages du libre arbitre. Rien dans l'univers ne peut aller contre votre volonté. Et là vous allez probablement me dire : « Mily, il y a tellement de choses dans ma vie que je ne voulais pas et qui m'ont été imposées... Je n'ai pas la sensation d'être vraiment libre... ».

Et pourtant vous l'êtes, rien ne vous arrive dans la vie sans votre accord, que cet accord soit conscient ou inconscient. C'est la loi qui régit le libre arbitre et cette loi, comme beaucoup de lois de l'univers, est inviolable. Cependant, il existe des exceptions à cette règle, cela s'applique uniquement aux anges, aux archanges, aux êtres de haute vibration et au Divin. Ces exceptions sont en lien avec des circonstances bien spécifiques. Les anges, surtout votre ange gardien, vont intervenir dans votre vie sans que vous ayez fait appel à eux, dans des cas d'extrême urgence. Par exemple, si vous n'êtes pas censé mourir et que vous êtes en danger de mort, leur intervention sera fulgurante, ils ne vous lâcheront pas jusqu'à ce que vous soyez parfaitement en sécurité ; ou si une expérience que vous êtes sur le point de vivre peut compromettre grandement l'une de vos missions présentes ou futures, ils vont anticiper et vous protéger de tout ce qui pourrait être compromettant pour vous et pour le chemin de vie que vous avez décidé d'emprunter avant votre incarnation. Aussi, ils peuvent vous bousculer pour que vous passiez à l'action même si cela ne vous fait pas plaisir.

Maintenant, venons-en aux moyens employés par les anges pour entrer en communication avec vous. Certaines de ces méthodes sont également utilisées par d'autres acteurs du monde céleste, vos guides spirituels, les maîtres ascensionnés, les défunts. Il n'est pas toujours facile de distinguer de qui provient l'information. Cependant, cela n'a pas vraiment d'importance, votre âme sait exactement qui est intervenu. Cela dit, vous pouvez aussi le déterminer en faisant confiance à votre intuition.

Ce qu'il vous faut comprendre, c'est que les anges et les archanges n'ont pas de limitation en ce qui concerne leur communication avec vous. Ils ont tout pouvoir sur la matière. Par contre, les guides et les défunts ont quelques restrictions et favorisent certains types de communication.

Les anges utilisent souvent des moyens (de communication) en relation avec les croyances de la conscience collective, ainsi qu'avec vos propres croyances personnelles.

À travers la nature

Les anges utilisent les animaux, surtout ceux avec des ailes, pour vous aider (voir l'histoire page 147), vous guider, vous prévenir. Ils entrent en communication avec vous de la sorte surtout si vous êtes très proche de la nature. Les autres acteurs peuvent aussi utiliser ce moyen de communication. Les défunts vont utiliser cette méthode si un animal a une signification particulière pour eux, si vous en aviez connaissance. Aussi, si un animal s'est manifesté physiquement dans vos vies lors de leur transition entre les deux mondes, voir cet animal par la suite peut être un signe de leur présence à vos côtés.

Les anges peuvent utiliser des formes spécifiques en lien avec les éléments de la nature. Par exemple : un cœur, des ailes ou une forme que vous seul pouvez comprendre. Ils vont intégrer la forme dans différents éléments de la nature pour vous transmettre un message bien précis ou répondre à l'une de vos demandes. Ils peuvent vous adresser le message dans les nuages, dans la forme d'une roche, d'une feuille d'arbre, d'un légume, etc.

À travers la musique

Elle est l'un des moyens favoris des anges. Vous le savez probablement, les anges adorent la musique. Il y a toujours un fond musical dans leur dimension. Le son que j'entends, je pourrais le comparer à celui de la harpe, c'est ce qui s'en approche le plus. D'ailleurs, vous pouvez les inviter en grand nombre chez vous en jouant de la harpe, du violon, de tout instrument à cordes. J'entends toujours comme un murmure très doux et mélodieux, une aria. Quand vous entendez ces sons, ils provoquent automatiquement un sentiment de paix et d'harmonie en vous.

Ils utilisent aussi toutes catégories de musiques pour vous transmettre des messages. Un jour, ils ont placé la musique « Y a d'la joie » de Charles Trenet dans ma tête afin de m'aider à changer de vibration, voir page 146.

Si vous vous réveillez avec une musique spécifique en tête, si vous vous mettez à fredonner une chanson sans raison particulière, peu importe où vous allez, vous entendez encore et encore la même musique. Prêtez une attention toute particulière aux paroles de la chanson, et même au titre. Il y a des chances pour que les solutions à votre problématique ou les réponses aux questions que vous vous posez s'y trouvent. Si la chanson n'est pas dans votre langue, prenez le temps de la traduire pour ne pas passer à côté du message qui vous est destiné. Ils peuvent aussi utiliser des chansons dans un langage autre que le vôtre, car votre âme est en capacité de comprendre toutes les langues.

Si vous entendez des carillons, ils vous informent qu'ils sont là pour vous, qu'ils vous accompagnent et vous apportent la joie, la paix et la sérénité dont vous avez (ou vous aurez) besoin. Un mois et demi avant le décès de ma mère, j'entendais et voyais des carillons partout dans mon quartier, alors que jusque-là, cela n'avait jamais été le cas. J'ai su immédiatement que j'aurais grandement besoin d'eux et qu'ils me signalaient qu'ils étaient déjà là pour moi. Je leur suis d'une grande reconnaissance pour cela. Depuis, en effectuant toujours le même parcours, je ne vois ni n'entends plus les carillons dans mon quartier.

Vos guides spirituels peuvent aussi utiliser cette méthode pour vous transmettre des messages. Quant aux défunts, le cas est différent : c'est seulement dans le cadre où la personne désincarnée aimait une chanson par-dessus tout, ce dont vous avez conscience, qu'elle va utiliser cette chanson pour vous signaler sa présence.

À travers les nombres

Les chiffres miroirs représentent un moyen de communication utilisé par les anges, les guides et les maîtres ascensionnés uniquement. C'est un moyen de communication devenu très populaire ces dernières années. Il est dit que lorsque l'on regarde l'heure à 11h11, 22h22, 3h33, etc. c'est un signe des anges ou de vos guides pour vous transmettre un message. J'aimerais porter votre attention sur le fait que tout n'est pas (un) signe. Notre cerveau est capable de savoir exactement l'heure qu'il est sans que nous regardions notre montre. Si vous souhaitez absolument voir des heures miroirs, vous avez la capacité de porter votre regard sur votre horloge au moment exact d'une heure miroir afin de satisfaire votre désir. Effectuez le test suivant, si vous ne l'avez jamais fait. Programmez-vous pour vous réveiller à une heure exacte. Tous les soirs avant de vous endormir, dites-vous avec conviction « demain je me réveille à 6h12 » par exemple. Visualisez que vous vous réveillez et que vous regardez votre horloge à 6h12. Vous vous rendrez compte qu'au bout d'un moment, vous allez vous réveiller tous les jours à l'heure exacte de votre programmation. Votre inconscient sait toujours l'heure qu'il est.

Recevoir un message sous format numérique de la part des anges ou de vos guides spirituels, ne s'effectuera pas uniquement via l'heure. Vous allez voir des chiffres, peu importe où : plaque d'immatriculation, ticket de caisse, publicité, etc. Dites-vous que rien n'est impossible pour les anges. Vous avez le moindre doute ? Demandez-leur une confirmation via un autre moyen que vous ne pouvez pas contrôler. Par exemple, vous pouvez leur dire : « Si j'ai bien compris votre message, montrez-moi une girafe bleue. » Je peux vous assurer qu'ils se feront une joie de vous confirmer leur message. Si vous restez sans réponse, cela signifie que c'est votre mental qui vous a joué des tours.

L'autre condition, c'est de lâcher prise, ne pas chercher des signes partout, car vous risquez de passer à côté des vrais signes. Lorsque vous demandez de l'aide et qu'ils doivent vous transmettre un message, ils vont trouver un moyen afin que vous le receviez dans les temps. Soyez simplement ouvert et présent.

La signification des chiffres par rapport à la croyance de la conscience collective va être développée ci-dessous. Cependant, un chiffre peut revêtir une signification unique pour vous. Tout dépend de votre histoire et de vos croyances. De ce fait, les définitions suivantes sont générales et non une vérité absolue.

111, 1111, peut vous indiquer de rester conscient de vos pensées. Votre imagination et vos réflexions sont créatrices, en ce moment elles se manifestent rapidement dans la matière. C'est le moment d'être d'autant plus vigilant et de vous concentrer sur ce que vous voulez, et non pas sur ce dont vous manquez ou sur ce que vous ne souhaitez pas expérimenter dans votre vie.

222, 2222, vous informent que vous vous trouvez sur la bonne route, tout est parfait et se déroule exactement comme il se doit. Vous n'avez aucune raison de vous inquiéter.

333, 3333, en voyant ces nombres, vous savez que vous êtes entouré des maîtres ascensionnés. Cela peut être aussi l'occasion de leur demander de vous éclairer sur un sujet particulier. Quoi qu'il en soit, vous êtes entre de très bonnes mains.

444, 4444, quand vous voyez ces chiffres, vous êtes sûr que les anges sont à vos côtés. C'est leur façon de vous signaler leur présence et de vous encourager. Ils vous guident pour que vous puissiez accomplir votre mission, les objectifs de votre âme.

555, 5555, vous annoncent un changement qui aura des conséquences. Souvent, c'est un changement que vous n'aviez pas prévu. Cela peut vous arranger ou non. Quoi qu'il en soit, que vous le preniez bien ou mal, souvenez-vous que tout changement est toujours positif, même si, sur le moment, vous ne le percevez pas ainsi. Votre perception, votre jugement ne constituent qu'une perspective et non une vérité absolue. Lorsque vous vivez mal un changement, interrogez-vous : « Qu'est-ce que ce changement m'apporte de positif ? Merci de m'aider à y voir plus clair dès maintenant. »

666, 6666 vous informent que vos pensées sont trop orientées sur le matériel, l'argent. Vous êtes informé qu'il vous serait profitable de prendre le temps de vous reconnecter avec votre spiritualité.

777, 7777, vous êtes en pleine évolution spirituelle, ou la spiritualité prend de plus en plus de place dans votre vie. Vous êtes encouragé à poursuivre ce que vous avez entamé. Ce signe est aussi une manière de vous informer que la chance est de votre côté.

888, 8888, lorsque vous voyez le chiffre 8, vous savez que l'abondance va frapper à votre porte. Il s'agit souvent d'abondance financière puisque c'est elle qui est la plupart du temps valorisée dans notre société. Cependant, il peut s'agir de toute autre forme d'abondance, des cadeaux de la vie qui vous donneront l'occasion de faire les expériences que vous désirez. L'apparition de ce nombre vous informe aussi que vous êtes en parfait alignement avec l'énergie de l'abondance et de l'argent. Prêtez attention à ce que vous faites et à ce que vous avez fait les jours ou les semaines précédents, et continuez afin de garder cette vibration.

999, 9999, vous informent que certaines choses arrivent à leur fin, qu'il est temps de mettre un terme à une situation dans votre vie ou de vous atteler à achever un projet afin que de nouvelles portes puissent s'ouvrir à vous. La fin d'une situation annonce toujours le début d'une autre. Ici, il s'agit d'un signe d'évolution et la fin d'un cycle.

000, 0000, signifient en quelque sorte « on remet les pendules à zéro ». C'est la naissance d'un nouveau cycle dans votre vie. Le zéro peut prévenir d'opportunités qui vont se présenter à vous. Ces opportunités peuvent créer des bouleversements positifs dans votre vie, puisqu'elles seront complètement hors de votre zone de confort. Ce chiffre peut vous annoncer que vous faites vraiment un avec l'univers, vous comprenez totalement le concept « nous sommes tous un » durant la période où vous voyez ce nombre. Profitez-en pour prendre note de ce que vous faites afin de pouvoir le reproduire dans l'avenir.

Quand vous avez une combinaison de plusieurs chiffres, il vous suffit d'associer les différents chiffres ensemble. Le chiffre dominant est celui dont la signification prime et le second chiffre vous informe de l'orientation à prendre par rapport au chiffre dominant.

Prenons deux exemples :

1. Dans la combinaison 808, le chiffre dominant est le 8 puisqu'il est présent deux fois. Le chiffre secondaire est le 0. Maintenant, comment l'interpréter ? Lorsque vous voyez régulièrement ce chiffre dans un court laps de temps, cela signifie que votre vibration est totalement en alignement avec la prospérité, l'abondance et l'argent. Vous allez connaître une nouvelle croissance financière, ou de nouvelles opportunités très profitables matériellement vont prochainement se présenter à vous. Ce signe se présente à vous afin que vous saisissiez les opportunités.
2. Dans la combinaison 4221, le chiffre dominant est le 2 et les chiffres 4 et 1 sont secondaires. Dans ce cas, le message est là pour vous rassurer et vous informer que les anges ont la maîtrise de

la situation. Vous n'avez point de soucis à vous faire, tout est parfait. Votre seule tâche consiste à maintenir une vibration positive en prêtant attention à vos pensées.

Vous pouvez entretenir de la sorte un dialogue complet avec votre ange, vos guides et les maîtres ascensionnés. Prêtez attention aux messages numériques que vous pouvez recevoir sans que cela devienne une obsession afin de toujours vous assurer de recevoir les bons messages.

À travers l'électronique

Tous les êtres que j'évoque dans ce livre utilisent ce moyen de communication pour attirer notre attention. C'est un des moyens de communication privilégiés des défunts. Les anges et les guides spirituels l'utilisent principalement pour vous guider, alors que les défunts vont plutôt l'utiliser pour vous faire savoir qu'ils sont là, dans le but d'entrer en communication avec vous.

Par exemple, les anges voulaient que je participe à un salon sur la spiritualité à Montréal, ils savaient que cela m'aiderait à avoir davantage confiance en moi pour m'investir totalement dans cette branche. Pour me faire comprendre que je devais accepter une proposition qui me serait faite, quelques jours avant, chaque fois que j'allais regarder les prévisions météorologiques sur mon ordinateur, celui-ci me proposait automatiquement Montréal, alors que j'habite Toronto. Je n'avais pas changé le paramétrage de mon ordinateur. Ce phénomène n'était jamais arrivé auparavant, et il a cessé de suite après que j'ai accepté la proposition. Je dois avouer que cet épisode a joué un grand rôle dans ma carrière actuelle.

Par exemple, ils peuvent faire apparaître une vidéo qui contiendra un message que vous avez besoin d'entendre, ils peuvent changer votre station de radio, votre page internet etc. C'est assez étrange d'ailleurs de voir les pages de votre ordinateur changer toutes seules alors que vous vous trouvez à plus d'un mètre de lui…

Il n'y a rien qui leur est impossible, ne soyez donc pas surpris de ces phénomènes étranges. Votre seul travail consiste à chercher à comprendre le message qu'ils essaient de vous adresser. Pour le reste, ils gèrent parfaitement.

À travers les symboles

Les anges vont utiliser des signes qui sont spécifiques à vos croyances personnelles et/ou d'autres qui sont en lien avec les croyances de la conscience collective. Qu'est-ce que cela signifie pour vous ? Si depuis l'enfance ou dans votre famille il existait des croyances particulières par rapport aux anges, ils vont utiliser ce langage, parce que vous le comprenez bien. Ils savent que de la sorte vous serez attentif. Imaginons que dans votre famille, soit ancrée la croyance que lorsqu'un papillon se pose sur vous, c'est votre ange gardien qui vous dit qu'il vous aime et qu'il vous protège. Cela sera effectivement le cas. Alors que si le même phénomène arrive à une autre personne, cela ne sera pas un message des anges parce que ce n'est pas sa croyance.

Cependant, la croyance de la conscience collective peut vous servir aussi, prenons l'exemple, l'apparition de plumes, l'apparition de formes d'ailes, etc.

À travers les apparitions

Ce moyen de communication est exclusivement réservé aux anges, les maîtres ascensionnés peuvent parfois l'utiliser. Les anges vont faire apparaître des personnes, des objets, des situations afin de vous aider, vous sauver, vous guider et vous faire évoluer.

Ils peuvent se présenter sous la forme humaine pour une intervention rapide. À ce moment-là, ils ne sont pas des êtres humains comme on pourrait le penser, car ils n'ont pas d'identité. Ils utilisent souvent cette méthode de communication pour sauver des vies, puis ils disparaissent exactement comme ils ont apparu.

Ils peuvent s'adresser à nous à haute voix ou dans notre tête, surtout si nous sommes menacés d'un danger immédiat dont nous n'avons pas conscience.

Par le biais d'intermédiaires

Les anges peuvent utiliser chacun de nous comme messager. Vous pouvez ressentir l'inspiration d'agir pour quelqu'un ou de prononcer des paroles spécifiques. Vous ne comprenez pas pourquoi vous éprouvez cette impulsion, jusqu'à ce que la personne vous dise que vous lui avez apporté une aide incommensurable. Sachez que ce sont les anges qui vous ont utilisé pour être leur porte-parole.

Connectez-vous aux anges

Comme vous avez pu le lire dans la partie « Comment les anges entrent-ils en communication avec nous ? », page 104, vous disposez de plusieurs outils afin d'établir une communication effective avec les anges et les archanges.

Nous allons voir dans cette partie du livre deux méthodes afin que vous vous connectiez avec les anges. La première méthode est une méditation que vous pouvez enregistrer vous-même ou télécharger gratuitement sur :

www.santespiritualiteetart.com/meditation-angelique.

Je tiens à préciser que la méditation émet une vibration particulière qui a pour but de vous aider à vous connecter avec les anges et votre ange gardien. Que la méditation soit enregistrée par vos soins ou que vous téléchargiez celle que j'ai élaborée, sachez que si d'autres images que celles que je décris vous viennent tout naturellement, c'est la route que vous devez suivre. La vibration de la méditation va vous aider à rester sur votre propre chemin. Les mots et les images sont uniquement un moyen, une vibration pour vous aider à pénétrer dans cet univers. La méditation guidée vous aide à atteindre une vibration particulière, en plus d'aider votre mental à se concentrer sur quelque chose de particulier.

La seconde méthode peut être mise en œuvre quels que soient le lieu et le moment, une fois qu'on la maîtrise bien. Cette méthode, je l'appelle « la connexion avec le cœur ».

Avant de découvrir ces deux méthodes, je vous recommande de prendre l'habitude de dialoguer avec votre ange gardien (sous la forme qui vous convient le mieux). Vous pouvez vous mettre un rappel sur votre téléphone au début, pour ne pas oublier. N'ayez pas d'attente, laissez-vous surprendre, mais surtout observez ce qui se passe autour de vous. Soyez dans l'instant présent autant que possible pour ne pas passer à côté de leurs messages.

À présent, parlons plus en détail de chacune de ces deux méthodes.

La méditation de l'ange gardien

Le script de la méditation est à la deuxième personne du singulier, pour favoriser une plus grande intimité. Prenez votre journal et un stylo que vous allez conserver à vos côtés, mettez votre téléphone en mode avion et buvez un grand verre d'eau avant de commencer. Puis installez-vous dans un lieu calme où vous ne serez pas dérangé durant les vingt à trente prochaines minutes. Dès que vous vous sentez prêt, nous pouvons commencer.

La « fréquence miracle »

Si vous décidez d'enregistrer cette méditation avec votre propre voix, je vous recommande de l'enregistrer avec une musique en 528 Hz, ou bien une musique calme, sans paroles, que vous appréciez. Pourquoi est-il recommandé d'écouter cette fréquence ? Plusieurs études scientifiques démontrent que la musique et les sons modifient réellement nos ondes cérébrales. C'est un outil qui peut être utilisé pour modifier les performances mentales et physiques avec une grande précision lorsque ce savoir est maîtrisé. Même si la science n'en est encore qu'à ses débuts quant aux effets réparateurs du 528 Hz, les premières recherches démontrent que cette fréquence a la capacité de guérir et de réparer le corps. Dès 5 minutes d'écoute seulement, cette fréquence aide à se détendre, à lâcher prise et entraîne le ralentissement des ondes cérébrales. Cela permet d'atteindre plus facilement l'onde alpha voire thêta, nécessaire pour vivre une expérience mystique.

Trouve une position confortable, puis ferme les yeux…

Je vais te demander de prendre 3 grandes et profondes respirations. Pour cela, tu vas inspirer sur 6 temps, garder l'air sur 4, expirer sur 6 temps et garder les poumons vides sur 4…

Inspire 1, 2, 3, 4, 5, 6… Garde 1, 2, 3, 4… Expire 1, 2, 3, 4, 5, 6… Garde 1, 2, 3, 4… (Répéter 3 fois).

Reprends une respiration normale tout en t'assurant de laisser ton expiration être plus longue que ton inspiration…

Prends le temps de te connecter avec ton corps physique, que ressens-tu ? Y a-t-il des tensions dans certaines parties de ton corps ?

Si oui, prends le temps d'envoyer de la lumière blanche sur chacune de ces parties… Ressens les tensions s'en aller… pour laisser place à de l'apaisement et de la relaxation…

Maintenant, tu as atteint un niveau de calme et de paix… Ressens ton corps se dissiper dans l'océan d'énergie dont tu fais partie, telle une goutte d'eau dans un océan… Ressens que tu ne fais plus qu'un avec tout ce qui est…

Imagine que tu marches sur un chemin traversant une immense forêt. Les arbres sont grands et majestueux, tu peux voir le soleil danser entre les arbres. Le sol sur lequel tu progresses est tout de douceur, avec des bruits soyeux de froissement. Le sol est un mélange de terre, de feuilles mortes, d'aiguilles de pin et de mousse…

Au fil de ta marche, tu sens que tu reprends des forces… Tu te rappelles de plus en plus qui tu es. Tu te souviens de l'essence de ton être…

Tu t'émerveilles devant la beauté de qui tu es… et de celle de ton environnement … si paisible … si beau… si lumineux et luxuriant… Tu vois de petites fleurs tout le long du chemin… Lorsque tu attardes ton regard dans les profondeurs de la forêt, tu perçois d'immenses fougères poussant un peu partout…

L'atmosphère est paisible… Tu peux sentir un léger parfum de pin dans l'air pur…. Tu peux entendre le chant lointain des oiseaux, le doux bruissement des feuilles en admirant la magnificence de cette belle forêt…

La lumière du soleil jaillit à travers les grands arbres, pointant sur le sol le chemin à suivre...

Tu poursuis ta marche, tu sens une douce brise souffler... Les feuilles des arbres se déplacent dans un frémissement en se balançant doucement dans un vent doux et réconfortant... Tu te sens en paix… En continuant ta route, devant toi, à quelques mètres, tu vois un faisceau de lumière qui ne provient pas du soleil… En te rapprochant, tu vois que c'est un vortex. Celui-ci a pour destination un espace où tu peux entrer en communication avec ton ange gardien et les anges…

En t'approchant, tu peux voir une main rassurante traverser le vortex pour t'inviter à le franchir.

Tu avances… Tu vois devant toi une magnifique lumière rose tendre. Tu sens que tu es comme sur un nuage, tu ressens une joie immense, un bien-être intense… Tu peux voir d'autres âmes traverser ce vortex dans le même temps… Tu peux ressentir leur joie s'additionner à la tienne… Tu expérimentes pleinement l'unité… Tu es…

En continuant d'avancer, tu regardes en arrière pour constater qu'il n'y a rien d'autre que cette lumière de couleur rose tendre… Puis, tu vois devant toi cette lumière changer de couleur pour devenir d'un bleu indigo intense… Tu peux sentir que ton énergie, ta fréquence personnelle augmentent sensiblement… Tu te sens de plus en plus léger, tu as la sensation de n'être plus que pensées… Tu perçois une dernière couche lumineuse d'un blanc éclatant… Celle-ci, maintenant, se dissipe pour donner place à un immense temple en forme de dôme, d'une lumière blanche et dorée étincelante… Sept grandes colonnes soutiennent le dôme qui repose sur un sol de lumière blanche…

Lorsque tu pénètres dans ce grand temple, tu peux voir sur les murs des couleurs pastel lumineuses, vibrantes et mouvantes… Sur le sol, de grands oreillers colorés et des harpes éparpillées un peu partout… Tu peux entendre une aria accompagnée d'une douce mélodie… Les oreillers sont de nuances violette et orangée, les couleurs sont profondes et vibrantes… Tu regardes par la fenêtre, le temps est d'une beauté sans pareille…

Alors tu te diriges vers l'un des oreillers et tu t'y assois… Tu admires le magnifique temple dans lequel tu te trouves… tout en te laissant imprégner de la douce aria.

Tu vois que chaque colonne est enveloppée de vigne d'un vert profond agrémentée des fleurs les plus colorées…

Entre chaque colonne, tu peux percevoir le ciel qui est d'un rose tendre avec des nuances claires de lavande.

Tu ressens un immense bien-être et une paix profonde dans ce temple… Tu fermes les yeux un instant pour savourer cet état dans lequel tu te trouves…

Après un bref instant, tu rouvres les yeux… C'est alors que tu regardes autour de toi et que tu constates leur présence, tu es entouré d'anges. Tu les vois se déplacer gracieusement dans le temple. Tu ressens leur amour pur et infini… leur énergie si apaisante… leur amour si marquant… Tu vois combien leur aura est brillante… C'est alors que tu comprends que c'est leur présence qui provoque en toi ce sentiment de paix et non pas le lieu dans lequel tu te trouves, si magnifique soit-il…

Tu t'aperçois à présent que tu n'étais pas seul dans le temple. D'autres personnes, comme toi, sont venues à la rencontre de leur ange gardien…

Un sourire se dessine sur tes lèvres…

Tu peux les voir se déplacer et se positionner devant chaque oreiller où un humain attend de rencontrer son ange gardien.

Et en face de toi se trouve ton ange gardien. Tu peux sentir son aura t'envelopper. Tu te rends compte que cette énergie t'est complètement familière, ce n'est pas votre première rencontre… Tout prend sens pour toi… Tu es empreint d'une profonde gratitude, d'une joie immense … Tu t'aperçois que tu communiques avec ton ange gardien et que tu entends et comprends tout ce qu'il te dit bien qu'aucun mot ne s'échappe de vos bouches… Tu es fasciné par cette simplicité de communication que tu maîtrises parfaitement… (laisser sept minutes de musique ou de silence).

Tu sens que ton voyage arrive presque à son terme, car tous les anges gardiens, ensemble, vous bercent dans un océan d'amour inconditionnel et de joie….

Vous êtes tous invités à faire une pause afin de remercier le créateur et tout ce qui est…

Tout en douceur, ton ange gardien diffuse en toi des sentiments de sécurité, de joie, de confiance et d'amour de soi, de pardon et de compassion, de libre expression, d'imagination et de claire vision et, pour finir, de sagesse et d'ouverture…

Tu le remercies et tu peux sentir son amour infini pour toi…

C'est alors que tu te lèves (de ton oreiller) et tu te rediriges vers l'entrée du temple… Tu vois les personnes qui ont partagé cette expérience dans le même temps que toi se diriger dans le calme et la joie vers la porte de sortie…

Tu décides de te retourner pour les voir une dernière fois, cependant il n'y a plus personne dans le temple… Et pendant un court instant, tu te demandes si tu as rêvé tout cela... En ayant cette pensée, tu vois tomber devant toi une belle plume blanche qui chasse immédiatement tous tes doutes … Et tu esquisses une nouvelle fois un beau sourire rempli de plénitude...

Tu sors du temple et tu te diriges vers le vortex… Tu traverses toutes les couleurs que tu as passées précédemment… La lumière blanche... puis le bleu indigo… et pour finir la lumière rose tendre…

Tu aperçois ce chemin dans les bois qui te ramène à l'endroit où tu as laissé ton corps physique que tu vois, paisible. Tu peux même voir sur son visage le sourire que tu portais en toi…

Avant de réintégrer ton corps, tu revois en accéléré tout ce que tu as vécu, comme pour l'imprimer durablement dans ta mémoire…

Maintenant, tu réintègres ton corps… tu prends conscience de ta respiration… de la pesanteur… Tu bouges en douceur tes bras… tes jambes… afin de te sentir complètement à l'aise dans ton corps…

Pour finir, visualise un faisceau de lumière émergeant du sol, traversant la plante de tes pieds et remontant le long de ton corps jusqu'à ressortir par ton chakra couronne, et ce afin de t'ancrer complètement.

Prends une profonde respiration et, quand tu te sens prêt, ouvre les yeux.

La connexion avec le cœur

Les premières fois que vous allez pratiquer cette méthode, installez-vous dans un lieu calme où vous ne serez pas dérangé pendant environ cinq à quinze minutes. Par la suite, vous pourrez réaliser cet exercice n'importe où en une ou deux minutes.

Une fois que vous êtes prêt, suivez les étapes suivantes :

1. Fermez les yeux afin de vous connecter avec votre monde intérieur, et fermez les portes vous connectant au monde qui se trouve à l'extérieur de vous.
2. Posez votre main gauche (ou le bout de vos doigts) à l'emplacement du cœur et votre main droite (ou le bout de vos doigts) à l'emplacement de votre thymus (point se trouvant entre votre chakra du cœur et votre chakra de la gorge).
3. Ensuite, prenez de lentes et de profondes respirations. Vous pouvez compter jusqu'à 6 en inspirant et expirez sur un temps de 6 secondes également. Restez présent avec votre respiration jusqu'à ce que vous vous sentiez calme et centré.
4. Une fois calme et centré, répétez plusieurs fois très lentement et en conscience (mentalement ou à haute voix) : « Je demande à mon ange gardien de me faire sentir sa présence ». Prêtez attention à ce que vous pouvez ressentir physiquement et/ou émotionnellement : voir dans votre esprit, entendre, sentir des odeurs ou prendre conscience des idées qui émergent.

5. Pour finir, ressentez de la gratitude pour vous, la vie, votre ange gardien, vos guides spirituels et toute autre divinité de votre convenance.

Soyez attentif à ce qui se passe dans votre corps, autour de votre corps (dans votre champ aurique). Par exemple, vous pouvez ressentir de la chaleur dans tout le corps, avoir des frissons, ou ressentir des papillonnements dans le chakra du cœur. Peut-être allez-vous ressentir que vous êtes infiniment aimé, ou allez-vous éprouver un amour infini pour tout ce qui existe. Une pensée, des mots, une/des images, une couleur, une musique... Il se peut aussi que plus tard, dans la journée, vous receviez un signe.

N'ayez pas d'attente particulière, sur la manière dont cela va se produire. Restez de préférence ouvert et observez ce qui se présente à vous.

Dans le cadre de ce livre, nous vous proposons de partager les histoires que vous avez vécues avec les anges et les archanges. N'hésitez pas à nous écrire à l'adresse mail suivante : lepetitlivredesanges@gmail.com.

Et si je ne reçois pas de réponse ?

On me demande souvent si les anges interviennent toujours lorsqu'on les appelle. La réponse est oui. Les anges, les archanges, les maîtres ascensionnés et vos guides spirituels interviennent toujours lorsque vous les appelez. Lorsque vous pensez ne pas recevoir de réponse, plusieurs raisons peuvent être à l'origine de cette impression :

- Entre ce que vous pensez être une nécessité et ce dont vous avez réellement besoin, il y a souvent un océan. Les anges ont une vue d'ensemble, ils voient le dessein du Divin, alors que nous avons tendance à voir seulement ce qui se passe devant nos yeux, nos besoins immédiats.
- L'autre motif, est que bien souvent leurs actions ne sont pas perçues parce qu'ils anticipent nos demandes, nos besoins ou des problématiques qui auraient pu jaillir. Par exemple, il peut vous arriver de vous énerver parce que tout ne se passe pas comme vous le souhaitez, vous êtes pris dans un embouteillage, vous essuyez un refus pour un emploi, etc. alors que c'est votre ange qui est intervenu pour vous ôter une difficulté ou parfois même pour vous sauver la vie.

Comme il a agi par anticipation, vous ne réalisez pas tout ce qu'il accomplit pour vous bien souvent.

- La dernière raison réside dans le manque d'attention, l'impatience et/ou le fait d'avoir des attentes bien spécifiques quant au type de réponses que vous pensez estimer recevoir.

Il est essentiel de faire preuve d'ouverture d'esprit, d'avoir la foi et d'être présent, dans l'ici et maintenant, pour les percevoir. Par ailleurs, cela ne concerne pas uniquement l'intervention des anges, mais également celle de tous les autres acteurs du monde céleste.

Quelques histoires angéliques

J'ai connu un nombre considérable d'histoires personnelles avec les anges qui m'ont aidée de façon spectaculaire. Je vais en partager quelques-unes ici avec vous. Ainsi que d'autres que m'ont rapportées des clients. Vous allez constater que, parfois, votre ange gardien passera par une tierce personne ou par un animal pour entrer en communication avec vous. Bien sûr, il peut le faire directement également, cela a été le cas dans ma première histoire. Tout dépend des situations, des contextes, etc. Ils peuvent intervenir de mille et une manières dans votre vie. Ne vous laissez pas perturber par la forme, mais attardez-vous sur le fond du message.

Il a sauvé ma vie deux fois, peut-être bien davantage…

La première fois, c'était un matin de printemps au début des années 2000, j'avais la tête dans les nuages. Je ne me souviens plus de l'objet de mes pensées ; je m'apprêtai à traverser la rue de Metz, à Toulouse, lorsque j'ai entendu quelqu'un hurler mon prénom derrière moi. Bien évidemment, je me suis arrêtée dans mon élan pour voir qui m'avait interpellée. Il n'y avait personne derrière moi, pas âme qui vive lorsque je me suis retournée. La rue était complètement déserte. N'ayant pas réellement compris, j'ai donc décidé de reprendre ma route lorsqu'une voiture est passée à vive allure. Vous l'aurez compris, si mon ange gardien ne m'avait pas appelée ce jour-là et si je n'avais pas pris le temps de me retourner pour chercher qui m'avait appelée, vous ne seriez peut-être pas en train de lire ces lignes. Cette voix (mon ange gardien), que j'ai entendue plus d'une fois, m'a informée de situations bien précises qui allaient se produire. Ces événements sont effectivement arrivés. Une chose est sûre, personne ne m'avait joué un tour.

La deuxième fois, c'était le 21 septembre 2001. Vous vous souvenez sûrement que juste après les attentats du 11 septembre, une explosion est survenue à l'usine AZF à Toulouse. D'ailleurs, je suis persuadée que les anges ont réalisé un excellent travail ce jour-là. Ayant parlé avec beaucoup de personnes les jours qui ont suivi cette catastrophe, j'ai constaté que le nombre de blessés et de morts aurait pu être bien plus important. Par exemple, des personnes travaillant dans une école m'ont dit qu'ils avaient décidé d'envoyer les enfants plus tôt en recréation ce jour-là, fort heureusement. Sans cette initiative, ils auraient été blessés par les éclats de verre dans les salles de classes.

J'ai entendu de nombreuses histoires semblable à celle-là… Bien sûr, je ne possède pas de preuves tangibles qu'il s'agissait bien de l'intervention d'anges gardiens, néanmoins je n'ai aucun doute à ce sujet. Selon les dires de certains, beaucoup de miracles se sont produits ce jour-là, chose que j'ai également entendue après la destruction des tours du Wall Trade Center.

Pour en revenir à mon histoire, j'habitais en résidence étudiante à Daniel Faucher à Toulouse. Ce 21 septembre, je devais déménager et j'avais rendez-vous à midi pour récupérer les clés de mon nouveau logement.

J'avais préparé mes cartons la veille, il n'y avait aucune urgence pour moi de me lever tôt, je n'avais rien prévu ce jour-là, hormis mon déménagement dans l'après-midi.

Comme à mon habitude, je me suis réveillée de bonne heure. Je me suis installée devant la télévision, n'ayant rien de particulier à faire. J'avais prévu de quitter mon logement vers 11 h 30 pour mon rendez-vous de midi. Je me sentais agitée à rester dans le lit, à regarder la télévision. C'est alors que j'ai senti que l'on me poussait à sortir.

Il était 8 h 20... Je n'avais aucune envie de partir... Qu'allais-je faire dehors en attendant la venue de mon nouveau propriétaire, jusqu'à midi ?

Je me sentais tout de même bousculée par mon ange gardien. Devant cette insistance, j'ai donc décidé de prendre une douche, de m'habiller, d'emporter quelques cartons et de me diriger vers mon nouveau logement. J'ai quitté mon studio vers 9 h 20 et suis arrivée devant le nouveau bâtiment vers 9 h 50.

Étrangement, la porte d'entrée du bâtiment était ouverte. J'étais contente, cela me permettait de poser mes cartons devant la porte et d'attendre dans l'escalier. Je tiens à préciser que la cage d'escalier ne comportait aucune fenêtre. J'avais deux heures d'attente. Autant dire une éternité, internet sur les téléphones portables n'existait pas, à l'époque. Je me demandais intérieurement si ce serait bien de retourner dans mon studio afin de prendre plus de cartons, et à ce moment-là j'ai entendu « Attends ! ». J'ai donc attendu sagement, j'ai pensé que le propriétaire viendrait peut-être plus tôt et que c'était la raison pour laquelle on me demandait de rester.

10 h 17 précises, j'ai entendu un bruit étrange, comme une secousse. J'ai cru que la terre avait

tremblé, peut-être… J'ai décidé de sortir et j'ai découvert un monde de désolation, toutes les fenêtres de tous les bâtiments avaient explosé. Je ne comprenais rien, j'ai demandé autour de moi ce qu'il s'était passé, et l'on m'a répondu qu'il y avait eu un attentat… Les souvenirs de mon enfance sont remontés à la surface : l'attentat à l'aéroport d'Orly en juillet 1983. Nos anges gardiens sont probablement intervenus lors de cet événement également, mais j'étais bien trop jeune pour m'en souvenir. La seule image qui subsiste en moi est celle de cette femme blonde sur un brancard, elle devait lutter contre la mort. Et déjà à l'époque, je voulais intervenir pour l'aider. J'ai demandé à ma mère à quoi correspondait ce souvenir, c'est alors qu'elle m'a expliqué que nous nous trouvions sur le lieu d'un attentat… Elle ne m'en a jamais dévoilé plus…

La manière dont notre cerveau fonctionne est étrange car, ce jour-là, je n'ai fait aucune association avec les événements du 11 septembre, mais avec celui de ma petite enfance…

Il devait être presque 11h quand j'ai décidé de me diriger vers mon studio, sachant que j'avais le temps d'effectuer un aller-retour. Quelle ne fut pas ma surprise, … la porte fenêtre avait explosé en plusieurs morceaux et un grand pan de vitre bien tranchant se trouvait juste sur le lit.

Au vu du positionnement du verre, je doute fortement que j'aurais seulement été gravement blessée …

J'ai bien entendu remercié, un grand nombre de fois, mon ange gardien pour ce miracle.

Il est totalement possible que mon ange gardien m'ait sauvé la vie plus de deux fois, je ne saurais le dire. Toutefois si c'est le cas, je n'en ai nullement conscience.

Ces deux épisodes de ma vie sont parfaitement clairs, il est intervenu de façon bien évidente.

Rattraper les erreurs de jeunesse

Nous avons tous été jeunes, inconscients et insouciants. Comme tout le monde ou presque, je l'ai été aussi. Un soir, je voulais aller en boîte de nuit, j'avais entendu parler d'une nouvelle boîte qui était vraiment sensationnelle, mais elle était un peu excentrée. Je n'avais pas de voiture à l'époque et les transports en commun ne passaient pas dans ce quartier de la ville. J'avais regardé sur internet où se situait la boîte de nuit pour prendre connaissance du trajet. Je m'étais dit que ce n'était pas bien loin, entre vingt et trente minutes à pied (Google Maps n'existait pas, à l'époque). Je me suis préparée puis aventurée en direction de cette nouvelle discothèque, toute seule. Cela devait probablement être l'été, car je ne me serais jamais aventurée seule, en pleine nuit, (dans le froid ?) sur une route mal éclairée.

Après avoir marché trente minutes, j'ai pensé que ce serait dommage de faire demi-tour maintenant, la boîte de nuit devait être proche... (Ce serait une énorme perte de temps…) Cette pensée m'avait donné le courage de poursuivre ma route.

En tout et pour tout, j'ai marché une heure avec des talons aiguilles au bord d'une route qui longeait un bois. Autant dire que, si j'avais su, je n'y serais jamais allée…

Une fois à destination, je me suis énormément amusée toute la soirée. Il était un peu plus de cinq heures du matin, la discothèque allait fermer ses portes… Je me suis souvenue de mon périple pour venir, et j'ai commencé à m'interroger : « Comment vais-je rentrer ? »

J'ai pris mon courage à deux mains et j'ai demandé de l'aide aux personnes qui partaient, mais personne ne se rendait dans la même direction que moi.

J'étais presque au bord des larmes, épuisée, je n'étais pas enchantée par la perspective de marcher pendant une heure au bord de la route, près d'un bois, d'autant plus que mes pieds me faisaient extrêmement souffrir ! J'avais vraiment peur…

Tout en commençant à me diriger vers le bord de la route, j'ai appelé mon ange gardien en lui demandant de m'aider car je ne me sentais pas en sécurité. Moins d'une minute après ma demande, dans le virage se trouvant en face de la sortie, un jeune couple m'a appelée à l'aide.

Ils m'ont demandé de leur prêter mon téléphone car ils avaient un pneu crevé, et pas de pneu de secours ; de plus, leurs deux téléphones portables n'avaient plus de batterie. Ils ne pouvaient donc pas appeler de dépanneur.

Je ne vais pas vous cacher que ma première pensée a été de les ignorer, j'étais seule et je ne savais pas qui ils étaient… L'instinct de survie a pris le dessus pendant quelques secondes. C'est alors que j'ai senti la douce chaleur de mon ange gardien me rassurer et, dans le même temps, ce couple aussi m'a rassurée à travers leurs paroles car ils avaient perçu ma résistance.

Je suis allée à leur rencontre, et sans que je le leur demande, ils m'ont proposé d'attendre la dépanneuse avec eux, pour me ramener à mon domicile. Ce qui a été le cas.

« Soyez dans la joie »

Je venais de me séparer de mon compagnon et je me suis retrouvée dans un hôtel excessivement cher à Levallois Perret, dont l'état était médiocre. J'avais un emploi, mais j'étais loin de gagner trois fois le montant du loyer, condition pour louer un appartement, et personne de mon entourage n'était en capacité de se porter caution pour moi.

À l'époque, je communiquais beaucoup avec mes guides spirituels, mais sur d'autres sujets. Il ne m'était même pas venu à l'esprit de demander de l'aide. Ma joie de vivre s'éteignait peu à peu. Un jour, en me rendant à la laverie – j'imagine que j'avais une allure misérable –, un homme passant à côté de moi me dit : « Soyez dans la joie ». Instinctivement, j'ai su que c'était mon ange gardien qui m'avait parlé à travers cet homme, je me suis retournée pour voir s'il avait disparu, il était toujours là, cependant il ne s'est jamais tourné vers moi. Dans le même temps qu'il a prononcé ces paroles, j'ai entendu dans ma tête la chanson « Y'a d'la joie » de Charles Trenet. Ce n'était pas du tout mon style de musique et je ne l'avais pas entendue depuis bien longtemps. J'ai commencé à la chanter à tue-tête. J'ai conservé cette joie les semaines qui ont suivi. Deux ou trois semaines après cet épisode, j'ai trouvé un logement dans un beau quartier de Paris. Je n'ai jamais eu besoin de garant ni de gagner trois fois le montant du loyer. La propriétaire m'a proposé de choisir entre deux logements qu'elle possédait, et ce sans m'avoir jamais vue ni même demandé de justificatif. J'ai été son heureuse locataire pendant presque trois ans.

Sous la forme d'un rapace

Il avait quinze ans, il se trouvait à Mende, en Lozère, quand il a vécu cette connexion avec son ange gardien. Il se rendait à l'aérodrome à pied car il s'entraînait à la marche forcée. C'est alors qu'il s'est perdu. Il continuait d'avancer sans trouver sa route, de surcroît, il portait un sac lourd depuis plus de quatre heures. Épuisé et souffrant sous le poids de son sac, c'est alors qu'il a décidé de faire de l'auto-stop, cependant personne ne s'est arrêté pour le prendre en voiture. C'est alors qu'il s'est aperçu qu'un rapace tournait autour de lui depuis un moment. Il a décidé de le suivre, sans trop savoir pourquoi. Ce rapace représentait son seul espoir, il était à bout de force et en pleurs. Le rapace l'a conduit directement à l'aérodrome. Une fois arrivé, le jeune homme a fixé du regard le rapace en le remerciant mentalement ; celui-ci est resté un petit moment avec lui, puis l'oiseau s'en est allé et il ne l'a plus jamais revu.

Le miracle d'une survie

Sa maman lui a toujours dit qu'il était un miraculé. Personne ne connaît vraiment le fin mot de cette histoire. Il y a eu un avant et un après. Que s'est-il passé entre les deux ? Cela reste un mystère pour la plupart.

Il avait trois ans quand cela lui est arrivé. Sa famille habitait au troisième étage d'un immeuble. Il jouait sur le balcon en présence de sa maman, celle-ci a dû rentrer pour un court instant dans l'appartement. Quand elle est revenue quelques minutes plus tard, son enfant ne se trouvait plus sur le balcon. Il aurait trouvé le moyen d'enjamber le garde-corps en grimpant sur des objets. Elle a découvert son fils trois étages plus bas, sans aucune égratignure. Or rien ne permettait d'atténuer sa chute. Il ne conserve aucun souvenir de ce qui a pu se passer durant la chute. Il s'est toujours senti connecté et protégé par une force supérieure, sans vraiment comprendre pourquoi. Sûrement dû au souvenir inconscient de cet épisode.

Les anges ont des messages pour vous

Ces dernières semaines, je n'ai cessé de voir le chiffre 444 partout et je savais qu'il s'agissait d'un appel des anges pour m'indiquer qu'il était temps de me mettre au travail et d'écrire ce livre. Le premier message de la dernière partie de cet ouvrage est en réalité le commencement de celui-ci. Pour me transmettre ce premier message, l'archange Métatron s'est alors présenté à moi. Voici ce qu'il me demande de vous transmettre :

> « L'Amour est le point central de la vie sur terre.
>
> Il est important que vous compreniez que ce qui est en haut est en bas, et ce qui est en bas est en haut. Cela signifie que vous avez la possibilité de vivre le paradis sur terre. Ce paradis que vous recherchez est un souvenir de l'essence de qui vous êtes. D'où votre besoin et votre forte envie d'y retourner. Cela ne tient qu'à vous.
>
> Vous êtes des êtres illimités et éternels. Chacun de vous possède en lui l'étincelle divine et l'Amour inconditionnel.
>
> Pour le comprendre et pour le vivre, il vous suffit de regarder à l'intérieur de vous. Prendre le temps de vous poser, vous

observer, vous analyser et de vous comprendre. Il est essentiel de prendre le temps d'être, cela signifie ne pas toujours chercher à agir ou à trouver des solutions.

Dans le silence de cette connexion, communion avec soi, la petite voix de votre âme prendra sa place, vous la percevrez de plus en plus fortement. Vous entendrez la vérité sur vous-même et les raisons pour laquelle vous avez choisi de venir sur terre. Plus vous percevrez la voix de votre âme, plus il vous sera facile de nous percevoir également car nous sommes tous unis dans le même océan d'amour.

Votre bien-être et votre paix résident dans la connaissance de vous-même et dans le service que vous pouvez rendre à autrui.

Vous êtes le créateur, l'artisan, le marketeur et le client de votre propre vie, celle-ci étant votre produit final. Il n'existe pas de solutions miracles, l'accomplissement de soi résulte de l'effort que vous fournissez quotidiennement dans le développement de l'amour de vous-même et de tout ce qui existe.

Vous êtes aimé et soutenu plus que vous ne pouvez l'imaginer. Nous ne sommes qu'à une pensée de vous.

Avec tout notre amour ! »

Métatron

Quelques semaines plus tard, j'ai demandé si les anges gardiens auraient un message général pour tous les lecteurs de cet ouvrage. Voici ce qui m'a été demandé de vous transmettre.

« Le chemin peut vous paraître long, empli de rebonds, pourtant, ce n'est qu'une goutte d'eau dans l'éternité de votre existence.

Nous vous entendons souvent vous demander pourquoi vous êtes ici sur terre. Vous l'avez choisi pour diverses raisons. Cependant, c'est toujours avec beaucoup de plaisir, de joie et d'amour que vous avez décidé de vous incarner. Parfois avec des peurs, des doutes, mais toujours avec cette volonté de vous dépasser et d'évoluer, cela vaut pour la grande majorité d'entre vous.

Nous voyons, d'où nous sommes, que vous laissez souvent votre ego prendre le dessus, vous pensez devoir tout gérer par vous-même. Qu'il y a une gloire à accomplir les choses seul.

Quand vous travaillez avec nous, à savoir avec votre âme, vos guides spirituels et les êtres de lumière, non seulement vous vous aidez vous-même (et vous vous facilitez la vie), mais vous nous aidez également, dans le même temps. En travaillant tous ensemble, nous avons la possibilité de tous évoluer dans nos dimensions respectives.

Vous n'avez pas besoin de vous rendre misérable en essayant de tout comprendre par vous-même, ce n'est pas le but de votre incarnation. Nous sommes toujours là pour vous, même si parfois vous n'en avez pas l'impression ou si vous avez la sensation de demeurer sans réponse.

Si vous observez bien les différents événements de votre vie, surtout lorsque vous nous avez appelés à l'aide, vous pouvez vous rendre compte que vous avez toujours reçu ce qui était nécessaire en temps et en heure. Nous comprenons qu'il vous est difficile d'être patient quand vous éprouvez cette sensation d'urgence, lorsque la situation n'évolue pas.

Cependant, nous vous demandons d'avoir confiance et foi que tout arrive toujours au moment idéal. Nous vous répondons toujours en temps utile. Ne pensez pas que vous avez été abandonné car ce n'est jamais le cas.

Nous vous aimons [avant de continuer votre lecture, prenez le temps de fermer les yeux, de vous connecter avec votre respiration, calmez votre mental et ressentez leur présence. Prenez le temps ici et maintenant de ressentir leur amour. Il m'est difficile d'exprimer ce qu'ils m'ont fait ressentir à ce moment précis, nous ne disposons point de mots pour l'exprimer. Cependant, ils m'ont promis qu'ils vous aideraient à le ressentir, si vous prenez le temps ici et maintenant]. Notre amour pour vous est infini, même si vous n'en comprenez pas toujours les raisons. Cependant, vous pouvez en prendre conscience lorsque vous vous connectez avec votre cœur, votre âme.

Nous sommes toujours attentifs et à votre écoute.

Recevez notre souffle d'Amour ! »

Une cohorte d'anges gardiens

Le mot de la fin

J'espère qu'à travers ce petit livre, vous avez pu ressentir la présence, l'énergie des anges et des archanges. Ce livre a sûrement bousculé certaines de vos croyances limitantes bien ancrées, souvent imposées par les religions ou la culture. Si vous souhaitez vraiment connaître les anges, le meilleur moyen consiste à vivre l'expérience par vous-même. Faites-vous confiance, soyez patient et ouvert. J'insiste sur le fait que les attentes constituent souvent un frein à la communication. Deux mots clés vont vous aider à avancer : observez et demandez.

Tissez ce lien spécial et unique avec eux. Même si le contact n'est jamais rompu, la communication est plus simple et facile lorsqu'elle est régulière. Créez l'habitude de communiquer avec eux, comme vous avez pris l'habitude de vous brosser les dents. Nul besoin de compliquer les choses. La simplicité et la sincérité sont tout ce dont vous avez besoin.

Je veux achever ce livre en remerciant les archanges Michael et Métatron, ainsi que mon ange gardien et la cohorte d'anges gardiens qui m'ont accompagnée durant son écriture.

Je tiens à remercier mon éditrice, sans qui ce livre ne serait pas, les anges l'ont guidée et elle a répondu à leur appel.

Et enfin, je tiens à vous remercier, cher lecteur, pour ce travail que vous accomplissez pour votre évolution et pour celui de l'humanité.

L'auteure

Mily Robin est psycho-énergéticienne, enseignante spirituelle, coach et conférencière dans les domaines du développement personnel et de la spiritualité.

Elle est convaincue que chacun de nous a un potentiel de grandeur et de bonté, des capacités illimitées et la possibilité de vivre son plein potentiel.

Elle partage ses enseignements sur sa chaîne YouTube (« Mily Robin [Santé Spiritualité & Art] ») et son site Internet : www.santespiritualiteetart.com.